杜甫叙论

朱东润 著

华中科技大学出版社
http://www.hustp.com
中国·武汉

图书在版编目(CIP)数据

杜甫叙论/朱东润著.—武汉：华中科技大学出版社,2019.6(2024.3 重印)
ISBN 978-7-5680-5161-3

Ⅰ.①杜…　Ⅱ.①朱…　Ⅲ.①杜甫(712—770)-评传　Ⅳ.①K825.6

中国版本图书馆 CIP 数据核字(2019)第 076874 号

杜甫叙论
Du Fu Xulun

朱东润　著

策划编辑：曹　程
责任编辑：林凤瑶
封面设计：刘　婷
责任校对：阮　敏
责任监印：朱　玢

出版发行：华中科技大学出版社(中国·武汉)　电话：(027)81321913
　　　　　武汉市东湖新技术开发区华工科技园　邮编：430223
录　　排：华中科技大学惠友文印中心
印　　刷：湖北新华印务有限公司
开　　本：880mm×1230mm　1/32
印　　张：9.125
字　　数：146 千字
版　　次：2024 年 3 月第 1 版第 2 次印刷
定　　价：29.80 元

本书若有印装质量问题,请向出版社营销中心调换
全国免费服务热线：400-6679-118　　竭诚为您服务
版权所有　侵权必究

出版说明

朱东润先生是我国著名的文学史家、传记文学家,是我国现代传记文学的开拓者之一。他一生共创作《张居正大传》《陆游传》《梅尧臣传》《杜甫叙论》《陈子龙及其时代》《元好问传》《李方舟传》《朱东润自传》《王守仁大传》等九部传记,其中《王守仁大传》因手稿丢失,迄今尚未出版过。

本次收录朱东润先生的部分作品,由华中科技大学出版社出版。为了尊重历史,此次出版只在处理文字讹误等方面做了必要的工作。如有疏漏,望读者指正。

编 者

2019 年 5 月

序

  我是学习传记文学的，也写过五六本传记，但是由于自己的政治认识不足和写作能力不足，不可能有较大的成绩。

  关于杜甫，我曾经考虑过写一本比较完整的传记，多少年来没有动手。有一些问题经常对我提出，例如李姓王朝和吐蕃王朝、回纥王朝的关系，杜甫作品在唐诗中的地位、杜诗的发展及其创作道路等，不断地在胸中来回。最近对于这些问题有了某种程度的解决，因此我写了这本书。

  是不是可以称为《杜甫传》呢？我想应得审慎一下。二十世纪五十年代冯至教授发表了《杜甫传》，虽然简单一些，对于杜诗的创作和转变也留下了尚待补充的余地，但是不失为一本有意义的作品。我这本作品是不是也称为《杜甫传》，值得考虑。

我把这本作品称为"叙论"。中国古代的传记本来称为"叙",《史记》有《自序》,《汉书》有《叙传》,三国时有《马钧叙》。"叙论"的本意就是评传,我这本书对于杜诗的发展讲得较多,实际上是杜甫的评传。由于有些人把评传写成对于作者的片段叙述,例如作者的家世,作者的人生观等,我的意见不同,所以这本书不称为评传,称为"叙论"。

书中有许多不成熟的地方,请读者加以指正。

朱东润
1977 年 10 月

目录

第一章　忆昔开元全盛日　/1

第二章　西归到咸阳　/28

第三章　渔阳鼙鼓动地来　/56

第四章　中兴诸将收山东　/91

第五章　无食问乐土,无衣思南州　/115

第六章　此身那老蜀,不死会归秦　/137

第七章　公来雪山重,公去雪山轻　/157

第八章　云安有杜鹃　/200

第九章　故园不可见,巫峡郁嵯峨　/207

第十章　此曲哀怨何时终　/248

第一章　忆昔开元全盛日

（712—746）

　　杜甫和李白一样,是第八世纪中国的诗人。他们出身于地主阶级,不是劳动人民,更不是无产阶级的作家,因为当时还没有这个新兴的阶级,但是在他们的诗歌里,特别在那最好的见解一部分,他们能够运用人民的语言,诉说人民的情感,因此我们可以称他们为人民的诗人,这是他们不同于当时一般诗人的。

　　从第九世纪起,就有人把杜甫和李白比较,元稹在《唐故检校工部员外郎杜君墓系铭序》中说:"时山东人李白亦以奇文取称,时人谓之李杜。予观其壮浪纵恣,摆去拘束,摸写物象,及乐府歌诗,诚亦差肩于子美矣。至若铺陈终始,排比声韵,大或千言,次犹数百,词气豪迈而风调清深,属对律切而脱弃凡近,则李尚不能历其藩翰,况堂奥乎?"这是扬杜抑李的,但是他称道杜甫的只是"铺陈终始,排比声韵",还没有能够作出全面的评价,因此后来的元好问说:"排比铺张特一途,藩篱如此亦区区。少陵自有连城璧,争奈微之识碔砆。"元好问认为杜甫的五言长律,只是他的一种表现形式,倘使专从这一项判定李杜的优劣,那就不正确了。这句话是对的,但是把杜甫的五言长律说成是碔砆,也不免是过分的贬低。

唐代的韩愈,在《调张籍》诗中说:"李杜文章在,光焰万丈长。不知群儿愚,那用故谤伤。蚍蜉撼大树,可笑不自量。伊我生其后,举颈遥相望。夜梦多见之,昼思反微茫。徒观斧凿痕,不瞩治水航。想当施手时,巨刃摩天扬。垠崖划崩豁,乾坤摆雷硠。"这里他对李白、杜甫,一并极端地推重,特别在比划这两位大诗人创作的几句,他写得有声有色,生动活泼,可是他并没有交代出一个谁高谁低。

从今天看来,李白、杜甫在运用人民的语言,诉说人民的情感方面,都有伟大的成就,但是这里有一个时代的局限。李白生于武后长安元年(701),没于肃宗宝应元年(762);杜甫生于玄宗先天元年(712),没于代宗大历五年(770)。李白出生早了十一年,去世早了八年。在正常年代里,无论十一年或八年,关系都不大;但是在庞大的大唐帝国解体的年代里,八年是一个漫长的岁月,人民的血泪更能激起诗人的沉痛和悲哀。李白比杜甫早生了十一年,但是这十一年是在欢愉中度过了,印象并不深刻。天宝十五载(756),庞大的帝国开始解体了,国家是在一年一年地瓦解,人民是在大批大批地死亡,这个情况一直蔓延到宋太祖建隆元年(960)。杜甫创作的年代,主要是在天宝十五载以后的若干年里,恰恰在这个大帝国的动乱当中。在这以后,他为了挣扎,从当今陕西到甘肃,从甘肃到四川,尝遍了流离漂泊的辛酸,他的生活和劳动人民接近了,思想感情也和劳动人民交融了。不错,他在成都、在梓州,有过一些比较安定的日子,但是时间没有多久,他又走向云安和夔州,在夔州的年代里,他得到地方小军阀的照顾,但是正如宋代诗人陆游说的,他的生活好比九尺丈夫处在矮檐之下,是异常委屈而痛苦的。杜甫不是劳动人民,但是他正过着劳动人民的生活。在生命的最后三年里,他从夔州经过公安、荆州、岳州、潭州,最后到了耒阳,在一叶扁舟里结束了他的生命。他感到生活的艰危,想到现在的广东、广西保全他的余年,但是来不及了,他在耒阳的荒野结束了痛苦的一生。是的,李白的最后几年也是在艰险中度过的,但是时间短得多了,痛苦少得多了,在他的诗篇中所反映的艰辛,远远不如杜甫,在这一点上,他和杜甫有一段很长的距离。

还有一点,李白虽然做过翰林待诏,官虽然也是官,但是究竟没有参预中央的大政。杜甫就不同了。他在天宝十五载以前,已经进入中央,虽然只是一个起码官,但是已经和中央政权发生了接触。安禄山叛军入京的年代,他在长安度过了艰辛的月日,及至肃宗李亨在灵武称帝以后,收集西北的军队向凤翔进军,杜甫着了麻鞋破衣也到凤翔,官虽然只是八品的左拾遗,但他和当时的同中书门下平章事房琯取得联系,事实上成为参闻中央大政的一员,他的地位比李白重要多了。这就是说在这个大帝国大动乱的前后几年里,杜甫在中央度过,在他的诗篇里都得到充分的反映。

杜甫所处的地位和他在诗篇里作出的反映,都比李白重要得多,这是无可否认的事实。当然有人说李白的天才远远超过杜甫,这个我们不置一词,因为我们对于天才无从衡量;也有人说李白不是儒家而杜甫是儒家,因此李白比杜甫高明得多,这个我们也不置一词,因为李白求仙受箓,是一位道家,道家的脱离劳动人民,并不比儒家高明多少。事实上,李白、杜甫都不是劳动人民,但是,只要他们的某些作品反映了劳动人民的思想感情,对于这些作品的评价,就应当远远高出其他的篇什。

这里我们不需要胶着于李白、杜甫的比价,而应当重视他们如何反映他们的时代,如何反映大唐帝国的繁荣和解体。这是摆在读者面前的一个重大的问题。

大唐帝国是以李姓王朝为核心的一个宏伟的政治结构。618年李渊在太原称帝,这是李姓王朝的开始。王朝是开始了,但是并不光彩,因为李渊一边向北方的突厥王朝称臣投降,一边却大力铲除隋王朝崩溃中产生的人民武装和人民政权。李姓王朝的建立是以人民的血泪和国家的耻辱为基础的。这件事不久以后得到纠正。武德九年(626),高祖李渊退位了,继承帝位的是次子李世民,史家称为太宗。太宗杀死了大哥太子建成,使昏聩的高祖不得不赶快让出政权,但是获得政权以后,他迅即巩固了李姓王朝的政治基础,多次出击突厥,把突厥的两位领导者颉利可汗和突利可汗都打败了,称臣投降的形势转移到突厥的一边。

突厥王朝是李姓王朝最大的对手,突厥王朝一经投降,多米诺骨牌的理论形成了。太宗即位以后的第四年,贞观四年(630)四月,西北诸蕃上太宗尊号为天可汗。从此西北诸蕃君主即位的时候,都必须得到李姓王朝的册命,李姓王朝在册命中,自称为天可汗、大唐皇帝。这就是说在630这一年大唐帝国正式成立了，在这个大帝国的号令之下的有突厥、回纥、吐蕃、奚、契丹、吐谷浑、突骑施这些民族和王朝。李姓王朝对于他们的君主，有时把天可汗的女、侄女、外甥女，或功臣之女嫁给他们，实际上是一种政治性的措施。

因此，在我们考虑到当时的具体情况时，必须认识到大唐帝国和李姓王朝这两个不同的但是又密切联系的概念。大唐帝国以李姓王朝为核心，而大唐的人民以汉民族为核心，但是同时的各族人民都不妨参加这个政治组织，特别在军事方面。虽然汉民族在文官方面占据绝对的多数，但是在军事方面，蕃族将领几乎占据了压倒的优势。这种情况，在后代有人会认为不可理解，但是在唐代这是一种普遍的情况。在避免大汉族主义这种不愉快的印象时，唐人对于军队经常以"蕃汉"二字连称，例如"蕃汉兵马"、"蕃汉指挥"之类。不仅西北诸蕃，安南的姜公辅也在中国官至同中书门下平章事，这在今天是一件意外的事件，但是在唐代是一件常事，并没有引起诧异。

太宗建立了大唐帝国，他的儿子高宗李治虽然是一位平庸的人物，但是在扩大帝国的疆土方面，也作出一定的成绩。高宗的儿子中宗李显、睿宗李旦都很平庸。

睿宗是在宫廷政变中即位的,他在后期自称太上皇,由他的第三个儿子玄宗隆基称帝。但是睿宗的妹妹太平公主专政,宰相七人之中,五人是太平公主的私人,玄宗成了挂名皇帝,这就激起了他发动又一次宫廷政变。睿宗登上了承天门,左右无人,只剩得宰相郭元振,给他一些支持。政变成功,太平公主被杀,睿宗下诏,自称"朕将高居无为,自今后军国刑政一事以上,并取皇帝处分"。

杜甫的出生,是在玄宗即位那一年(712),在代宗李豫大历五年(770)去世。代宗是玄宗的孙子,他接下来的是玄宗、肃宗父子二人的烂摊子,所以他的时代只是玄宗时代的一条无关重要的尾巴。因此了解玄宗,也就了解杜甫作品的全部背景。

太宗和玄宗是唐代最富有代表性的君主。太宗是一位封建统治阶级出色的君主,他出生于一个贵族家庭,为他的父亲夺取了国家的领导权,而后再从哥哥太子建成和父亲高祖手里夺取了这个大权,总算把国家安定下来,建立了大唐帝国,把文明和文化推向帝国的广大地区,在中国历史的长河里,留下了不小的成就。

玄宗和太宗很相像,但是有很大的不同。他出生于皇族的家庭,这是比太宗高多了,但是早年却经历了很大的艰辛。他的父亲睿宗李旦,是则天皇后的幼子,照理是应当得到则天的怜爱的。但是武则天是一位最高统治者,因此她的感情是不可能和平常人相同的。她的地位,先是皇后,以后是皇太后,再以后便直接地当皇帝。由于武则天的名号在不断地变迁,因此也连带地影响了睿宗李旦,最初他只是豫王,以后是相王。他的父亲死后,他的同母兄弟四人,大哥早死了,二哥被武则天逼死了,三哥是中宗李显,这时是皇帝,但是最高的统治大权在武则天手里,不久以后,中宗被废,睿宗登位。这只是一个形式,大权依旧在武则天手里。武则天是一位政治能手,终于发现与其在幕后做太后,不如到幕前做皇帝,她自己做的,是大唐则天皇帝,以后索性连国号也改了,是大周则天皇帝;李旦从皇帝降为太子,先是大唐太子,以后是大周太子。可是这个名义也不太久,则天皇帝在幕前久了,一想还是到幕后好,于是中宗皇帝复位,李旦改封相王,以后又做过司徒、大将军。名号禄位不断地变动,但是李旦只是一味地谦虚谨慎,禄位虽然不一定保得稳,性命却保稳了。中宗死后,他的名号又变了,称为皇太叔,相王也进称安国相王。这时皇帝是中宗的第四个儿子,大权掌握在母亲韦太后手里。倘使这位相王当真是能安国的,一切都能保持一定的现状。

但是睿宗的第三子李隆基不是一个白瞪眼的人,他发动了第一次政变,这一位小皇帝被杀死了,安国相王重新称为皇帝。他的皇帝是第二任了,但是第二任并不比第一任好多少,大权落到他的妹妹太平公主手里。睿宗想想还是不做皇帝舒服,恰好他的长子宁王宪又是一位聪明绝顶的人,他想起当皇帝不如当一位音乐家来得自由、舒服,也不愿意接位,这顶皇帝的宝冕便自然而然地落到玄宗隆基头上。最初他还受到姑母太平公主的压力,好在皇帝发动政变是一件顺理成章的事,待到太平公主被杀以后,他安安稳稳地做了四十四年皇帝,再做了六年的太上皇,他才死去。

杜甫的一生是与玄宗统治的年代适应的,所以要了解杜甫,首先必须了解玄宗。这一位皇帝,和他的曾祖父太宗一样,也是一位干练的皇帝,但是有所不同,因此他们的结果也不相同。太宗出身于一个大贵族的家庭,玄宗出身于一个皇族的家庭。在这一点上,他是超过了太宗的,但是他早年也有一段艰辛的历史。他的父亲封过王,做过太子,以后又做过皇帝;皇帝不做了,他又做过将军,而后做过皇太叔,重新做过皇帝、太上皇。在最高的阶层里,他打了好几个圈子。这就必然要影响他的儿子李隆基。隆基虽然出身于皇族家庭,但是他是第三个儿子，要向上爬，上面还有两个哥哥，即使父亲爬上了皇帝的宝座，继承这份家业的也轮不到他。因此在经历了一阵王、郡王，以及尚辇奉御、卫尉少卿之后，最后只做得一任潞州别驾，这个官大约相当于后代的通判之类，虽然也是州官，可是一点实权也没有。工作不多，李隆基也落得及时行乐，当时他结识的几个倡家，在他荣升皇帝以后，也都趁风直上，爬上了妃嫔的地位。

　　隆基不是没有政治抱负的，在他的三伯父中宗做了皇帝以后，他回到长安，等待机会。不久中宗死了，他的儿子嗣位，韦太后专政。隆基和他的姑母太平公主合谋发动了第一次政变，他的父亲睿宗重新登位。皇帝是到任了，谁当太子呢？长子李宪是一位聪明绝世的人物，他看到当皇帝实在没有什么意思，伯父和父亲不是都当过两任皇帝吗？其实算得什么，何况还有这个能干的三弟呢？他坚决不干。是不是可以由二弟来呢？次子李扐是一位宫娥生的，出世以后，武则天本来不打算留下这个皇孙，幸亏万回法师说了一句好话，他说这位皇孙来历不易，他是西域的一棵大树精，养大了对于弟兄们有一个庇荫，这才留下。但是大树精哪能当太子呢？大哥、二哥都不干，这个太子只有由隆基当了。不久以后睿宗退位，隆基当了皇帝，这是玄宗。聪明人都让位了，但是太平公主倚仗自己也曾参预政变，还是死抓政权不放，终于发展成为玄宗的对手，以自己的生命偿还了这一笔血债。

在夺取政权这个搏斗中，玄宗和太宗是类似的，却还有些不同。玄宗当过地方官，多少接近了人民，但是很不够，他的接近人民，只成为他剥削人民、残害人民的思想基础。

最高统治者最善于打扮自己，明明是凶暴残忍，他却要说是仁慈恻隐，不仅自己这样说，他的群臣左右，也是这样说，终于把他自己也说糊涂了，总觉得自己是仁爱的化身。玄宗的第一件大工作是提倡孝道，他的那部《孝经注》，通行了一千多年，直到二十世纪初年废科举的时候，才不再为儒生相传的读本，但是他的孝在哪里呢？在他发动二次政变当中，睿宗惊骇万分，政变之后，立即下诏："军国刑政一事以上，并取皇帝处分。"这就是说，玄宗把他的父亲睿宗废去了，可是名义上是用睿宗的语言，只说是"高居无为"。

对于父亲，事实上是把他废去了，对于亲生的儿子，是不是客气一些呢？并不见得。开元二十五年（737）四月，太子瑛、棣王琰、鄂王瑶没有任何罪状，没有经过任何法律手续，同日赐死于城东驿。假如定要指出他们的罪名,那只是得罪了当时的宠妃武惠妃。玄宗对于父子之间的关系,看得这样淡薄,这就难怪他的太子李亨趁着国家多事之秋,在灵武自立为帝,待到收回西京、玄宗回銮,就把他圈禁在西内。最高统治者无论怎样地说忠说孝,其实这是对人进行迷惑的假象。

玄宗对于兄弟们应当说是好的了,宋王宪于胜业坊东南角赐宅,申王㧑、岐王范于安兴坊东南赐宅,薛王业于胜业坊西北角赐宅,同时于兴庆宫西南置楼,题曰"花萼相辉之楼"。玄宗经常登楼召兄弟等同榻宴乐。这是很好的了,后人甚至造出长枕大被的故事,兄弟间的关系应当够理想了。其实不然,花萼相辉之楼,只是监狱中的大楼,四边的邸宅,处处都在被监视之中,兄弟们始终不得与外人交结,和诸王宴饮的有的贬斥到岭南,有的贬斥到雅州,长枕大被也是一句空话。当玄宗和杨贵妃相处的时候,如白居易《长恨歌》所说的"承欢侍宴无闲暇,春从春游夜专夜",看来玄宗更没有时间来欣赏什么花萼相辉之乐了。事实上这时已经到了玄宗时代的中期,他不再理会他的兄弟们,他的兄弟们也都驯服到无须理会了。

是不是玄宗对于男女之间的关系有一些正确的理解呢?并不如此。中国传统对于妻的地位是有些不同

第一章 忆昔开元全盛日

的认识的。传统说"夫为妻纲",这是夫权思想的理论根据,但是《广雅·释亲》又说"妻,齐也"。这是说夫妻之间是完全平等的关系。数千年以来,讲到夫妻的关系就是在这个平等和不平等之间兜圈子。不过这是说的一般人民,对于皇帝是不适用的,皇帝是天子,是仅次于上帝的主宰,这是不容许有人和他并立的,因此皇帝和皇后的关系,其实与平常百姓完全不同,平常百姓的夫妇,由于种种关系逐渐疏远以后,没有经过合法手续,是没有离婚的自由,但是一切法律不是为皇帝而设的,只要一道诏书,皇后便可以废黜,生命都没有保障,更谈不到什么地位。是不是皇后有什么可以博得皇帝的恩爱呢?除了青年和盛年的一些姿色以外,她没有方法可以保障自己的地位,幸运的可以保留一个皇后的虚名,不幸的要以自己的性命偿还皇后这个名义的虚荣。玄宗的皇后王氏是被废的。王皇后被废以后,他宠幸的有武惠妃。这一位是幸运的,她得到玄宗的欢心,太子瑛等三人的被杀,都为惠妃的儿子夏王开辟了日后立为太子的道路。不幸这一位夏王死了,武惠妃也在她的盛年死了,留下的只是她给玄宗带来的不断的回忆和心中的哀怆。死的死了,活的还要活下去。偌大的一份家业总不能没有一个姿容丰丽、宛转承意的女主人吧!然而在哪里呢？玄宗已经五十四岁了，后宫的妃嫔多着呢，白居易《长恨歌》说起"后宫佳丽三千人"，但是没有一个中意的，这就找呀，找呀，最后总算是找到了，是他的儿媳妇杨氏。杨氏是儿媳妇，虽然正如史家所说的姿质丰艳，不过直接入宫，究竟有些不便，但是最高统治者有办法，第一由这位十八岁的王妃出家，是女道士，而后再由女道士入宫，陪着五十四岁的皇上。有人说这里有真正的爱情，当然爱情不一定受年龄的制约，但是在天宝十五载，安禄山的叛军打进潼关以后，玄宗仓皇西出，逃到马嵬驿，随从的禁卫，在陈玄礼的指挥下，要求玄宗惩办祸首的时候，玄宗交出杨国忠父子四人，但是禁卫还不肯散。

"这是为什么？"玄宗问。

玄礼说："杨国忠父子虽死，但是祸根还在，因此禁卫不敢退出。"

祸根当然是贵妃了，玄宗下了狠心，传令贵妃自缢，二十年的痴情密爱，最后还是由贵妃以自己的生命偿还了这一笔血债。玄宗的动机是什么？简单得很，是为了保全自己。后来杜甫在他的名作《北征》说起："不闻夏殷衰，中自诛褒妲。"在这里杜甫提出了他的看法，虽然他把杨贵妃比之妲己、褒姒，未免太刻核了一些，但是把致死的责任归之玄宗,这是符合实际的。在玄宗向今四川奔逃的时候,他把自己的孙辈抛给叛军,一点也不顾惜,那么在马嵬生死存亡之祸迫在眉睫的时候,为了保全自己,把二十年的爱宠抛给愤激的禁军,也不会感觉到难受。清代洪升在《长生殿·埋玉》一折写到禁卫哗变的当中,玄宗唱着:

> 任谨哗,我一谜妆聋哑,总是朕差。现放着一朵娇花,怎忍见风雨摧残,断送天涯。若是再禁加,拼代你陨黄沙!

及至贵妃死后,玄宗哭道:

> 温香艳玉须臾化,今世今生怎见他!咳,我便不去西川也值甚么!

这是剧本,剧中的人物是戏剧化的人物,不是历史的人物。洪升这样写有他的自由,但是文学史中倘若把玄宗说成是怎样的痴情,那就是十足的笨伯。封建统治阶级的人物,为了保全自己,什么父母兄弟、妻室子女都可以抛,抛了别人,为的是保全自己,只要能保全自己的一条狗彘不食的残命,他可以心安理得地抛弃一切。

玄宗对于父亲、兄弟、儿子和爱宠都可以抛弃,但是对于封建统治者,这还是关系不大的。关系大的是为了达到扩张主义的野心,他可以牺牲几万、几十万人的生命去换取一些无关大局的地方。在这些方面,他有些像他的曾祖太宗。

和汉武帝对匈奴作战一样,太宗对于北方的突厥发动过大规模的战争,但这不是扩张主义,不是侵略。从汉朝初年起北方的匈奴对中原进行不断的侵略。不打败匈奴,汉朝就不是一个独立的国家,人民也无法安定生产。所以汉武帝对匈奴的作战是不得已的。唐太宗也是一样,北方的突厥对中原不断地进行侵略,不打败突厥,唐朝也不能算是一个独立的国家,人民也无法安定生产,所以唐太宗对于突厥的作战也是不得已的。但是这一条理由对于玄宗是不能适用的。玄宗的初年,人民是可以安定生产了,而且生活得很好,这是杜甫的诗篇可以证明的,但是玄宗并不以此为满足,他的军队四出侵掠,特别是在西边和北边。他的侵略的对象可以从大唐帝国以外的大小勃律直到大唐帝国以内的吐蕃。

为什么会在大唐帝国以内作战呢?我们已经说过,李姓王朝和大唐帝国是两个不同的概念。因此在帝国的范围以内，会发动李姓王朝和吐蕃王朝的战争。以欧洲的近代史为例吧，奥地利王朝是一个概念，日耳曼帝国又是一个概念。日耳曼帝国的奥地利王朝和普鲁士王朝就发生过多次战争。尽管在和平的年代里，普鲁士的弗雷德里克大王会向奥地利大王执鞭捧镫，但是在战争的年代里，照样也是枪炮齐鸣。所以在一个大帝国以内，这个王朝和那个王朝进行流血牺牲的战争，是一毫也不足奇的。所奇的是这样的战争往往是由一个嗜血成性的统治者发动，而在事后，残存的人民还要从血泊中站起来称他是"大圣大明"。历史就是这样地以人民的鲜血写成的。

杜甫的一生是和统治阶级始终联系着的。他的十五世祖杜畿，杜陵人，东汉建安时期河东太守。畿子恕，魏太和中散骑黄门侍郎，后为幽州刺史。恕子预，晋镇南大将军，都督荆州诸军事，封当阳县侯，在杜甫这一族里，是一位最显赫的远祖。杜甫在《进雕赋表》里称"自先君恕、预以降，奉儒守官，未坠素业矣"。这一位杜预，留下一部《左传注》，作为权威的著述，流传到今天。杜预的少子杜耽为晋凉州刺史，杜耽孙杜逊在东晋初年南迁时，到了襄阳，任魏兴太守，是襄阳杜氏的始祖。逊子乾光的玄孙杜叔毗为北周硖州刺史。从杜畿到杜叔毗，这一个系统是做过高级官吏的,以下便式微了,叔毗子鱼石,隋获嘉县令;鱼石子依艺,唐巩县令;依艺子审言,膳部员外郎;审言子闲,奉天县令,是杜甫的父亲。

杜甫的远祖是京兆杜陵人,因此他自称京兆杜甫。他又属于襄阳杜氏的支派,因此史家称他为襄阳人。他出生在巩县,大概从依艺以来,这一家基本上是住在巩县的。他们在长安和洛阳都有田产,但是人丁并不旺盛,所以杜甫《秋日夔府咏怀》说起:"两京犹薄产,四海绝随肩。"关于东都的产业,我们不很清楚。关于西京的产业,他在《曲江三章》里说:"杜曲幸有桑麻田。"究竟他有多大的田产,没有可靠的资料,但是一则他不是自己耕种,二则他只是不在地主,看来他的收入是不多的,四十岁后,他在长安的潦倒,正是一种说明。

当然,杜甫是有他的庸俗一面的,他经常提到他的亲戚和同族。最烜赫的当然是杜鸿渐了,做到中书侍郎,以宰相出镇成都。尽管杜甫不断地歌颂这位族父,但是鸿渐很少照顾杜甫。其次是杜位,官虽不大,但他的岳父是权位赫奕的李林甫。杜甫对于这位族侄虽然也写过好几首诗,而杜位对他的照顾也不大。李林甫失败后,杜位贬窜到新州,上元二年(761),杜甫有《寄杜位》一首:

第一章　忆昔开元全盛日

> 近闻宽法离新州，想见归怀尚百忧。逐客
> 虽皆万里去，悲君已是十年流。……

以后在夔州，在荆南，二人都遇过面，双方都很潦倒，谁也帮不了谁的忙。

旧社会是和新社会完全不同的，在那里我们只看到每个人都在生活的漩涡中挣扎，因此每个人都得八方拉拢，即使是一根稻草，的确也有人会去拉的。在这一点上杜甫并不比任何人高明，而且有时会做得非常特别。自古代起，除了亲族朋友外，有人会拉拢同僚，以后更是同乡、同年。明末还有同社，复社的社员多至数万，他们的互相拉拢，其实只是希图在人生的道路上多一些照顾。杜甫的拉拢同族，最奇的见于他的《敬寄族弟唐十八使君》。这一位族弟，做过汾州刺史，这时在巫山，恰巧杜甫也在那里，他在诗中说：

> 与君陶唐后，盛族多其人，圣贤冠史籍，枝
> 派罗源津。在今气磊落，巧伪莫敢亲，介立实
> 吾弟，济时肯杀身。……

还有一次，他在江陵遇到一位刘判官，在《重送刘十弟判

官》诗中他说：

> 分源豕韦派，别浦雁宾秋，年事推兄忝，人才觉弟优。……

从陶唐到杜甫，大约三千多年，从商代的豕韦到杜甫，大约二千多年，杜甫和二三千年以来各自谋生的人物，居然叙起兄弟的关系，不能不说是意外，何况唐使君不一定是陶唐之后，刘参谋也不一定是豕韦之后呢！这些当然是杜甫庸俗的一面，但是这完全是他的时代给他留下的烙印，正如李白诗中左一个"钱校书叔云"，右一个"陪侍郎叔游洞庭"，同样是唐代的一种风气。

有一点值得注意的是杜甫在 746 年以前，生活是旷达的，746 年以后，他进入长安，不久他的父亲杜闲死去，他的生活完全不同了。他开始感到贫困潦倒，有时竟是：

> ……杜陵野客人更嗤，被褐短窄鬓如丝，日籴太仓五升米，时赴郑老同襟期。得钱即相觅沽酒，不复疑，忘形到尔汝，痛饮真吾师。清夜沉沉动春酌，灯前细雨檐花落，但觉高歌有

鬼神,焉知饿死填沟壑。……

——《醉时歌》

这诗是天宝十三载(754)作的,杜甫的生活已经到了穷困的地步。但是在他早年的时候,却不是这样。开元二十八年(740)他的父亲杜闲为兖州司马,杜甫在《登兖州城楼》这首诗里说起:

> 东郡趋庭日,南楼纵目初,浮云连海岱,平野入青徐。孤嶂秦碑在,荒城鲁殿余,从来多古意,临眺独踌躇。

不满三十岁的杜甫是能欣赏大自然的壮丽的。特别是在《壮游》诗里叙述得更充分、更痛快。

> 往昔十四五,出游翰墨场,斯文崔魏徒,以我似班扬。七龄思即壮,开口咏凤凰,九龄书大字,有作成一囊。性豪业嗜酒,嫉恶怀刚肠,脱略小时辈,结交皆老苍,饮酣视八极,俗物多茫茫。东下姑苏台,已具浮海航,到今有遗恨,不得穷扶桑。王谢风流远,阖闾丘墓荒,剑池

> 石壁仄,长洲芰荷香,嵯峨阊门北,清庙映回塘,每趋吴太伯,抚事泪浪浪。枕戈忆勾践,渡浙想秦皇,蒸鱼闻匕首,除道哂要章。越女天下白,鉴湖五月凉,剡溪蕴秀异,欲罢不能忘。归帆拂天姥,中岁贡旧乡,气劘屈贾垒,目短曹刘墙。忤下考功第,独辞京尹堂,放荡齐赵间,裘马颇清狂。春歌丛台上,冬猎青丘旁,呼鹰皂枥林,逐兽云雪冈。射飞曾纵鞚,引臂落鹙鸧,苏侯据鞍喜,忽如携葛疆。……

这首诗是杜甫的自传,而这一段特别写出他到长安以前的生活。

为什么在到长安以前,杜甫的生活是那样的生动活泼,丰富多彩,而到长安以后突然地穷愁潦倒,饥寒交迫?主要还是由于唐代的政治现实。唐代的政治最突出的特点是,中央政府是一个最大的高利贷者。一次迫切的政治措施或一次政治机构的添设,经常从高利贷的角度考虑问题。

> (开元)二十六年……长安、万年两县各与

本钱一千贯,收利供驲,仍付杂驲。①

(开元十八年)九月,先是高户捉官本钱。乙卯,御史大夫李朝隐奏请薄税,百姓一年租钱充,依旧高户及典正等捉,随月收利供官人税钱。②

第一条是以高利贷的息金作为官驲的支出,第二条指名民间高户(大户)负责推行高利贷,这种工作称为"捉"。

这种捉钱的工作,有时竟是不给本钱,要求高户收息:

……诸使捉钱者给牒免徭役,有罪府县不敢劾治。民间有不取本钱,立虚契,子孙相承为之。③

在这个制度下,人民所受的苦累是没有限制的,官员的供应都由人民负担,由不合法而相沿成为合法,由高户而转嫁于中下户。杜闲在东郡和奉先任上,杜甫优

---

① 《旧唐书·玄宗本纪》。
② 《旧唐书·玄宗本纪》。
③ 《新唐书·食货志五》。

裕的生活，是有保证的。

那么他为什么"忤下考功第，独辞京尹堂"，一点也不觉得难受呢？宋代的梅尧臣，基本上是和杜甫同一类型的人物，但是在落第以后，愤愤不平，直至晚年特赐进士，心情才能平静下来。陆游是比杜甫旷达得多的人物，但是在没有获得特赐进士以前，心情也不能开朗。是不是杜甫比他们高明一些？不是的。宋代每三年放一次进士，有时多至四百余人，假如每人都能任职三十年，那么这个数字对国内大小官职，勉强可以敷用，而不是进士出身的，官衔上照例加上一个"右"字，因此成为令人愤激的歧视。唐代就不同了，虽然有时每年都举进士，但是录取不过三十人，有时不足此数，甚至一个也不取，假如每人任职三十年，当官的进士最多不足千人，而当时的大小官员在万人以上，所以是否录取，对于一个人的前途，没有多大的关系。因此杜甫在"忤下考功第"以后，依然可以过他的"裘马颇清狂"的生活。

三十岁以前，杜甫已经做了不少诗了，但是还看不到他的特色。待到他和李白、高适结交以后，他的创作起了变化。这两位诗人都比杜甫年长一些，李白长十一岁，当时已是全国闻名的诗人。高适长三岁，虽有人说他五十后始作诗，但是不可能没有对于文学作品的理解。还有李邕呢,他比杜甫长了三十四岁,是大唐帝国有名的作家,后来杜甫在《八哀诗》里说他"情穷造化理,学贯天人际,碑版照四裔,森然起凡例",对于他的倾倒,几于无可再说。这一组《八哀诗》,就是模拟李邕的《六公篇》的。但是李邕没有一点架子,有时甚至屈尊拜访杜甫。在这种情况之下,杜甫对于自己的作品,更看到一些远大的前途。他已经不再安心于五言八韵,或是五言十二韵的体裁,而是向更壮阔、更远大的前程迈进。那首《临邑舍弟书至,苦雨,黄河泛溢,堤防之患簿领所忧,因寄此诗,用宽其意》的篇首"二仪积风雨,百谷漏波涛,闻道洪河坼,遥连沧海高"四句,简直是海涵地负,已经达到杜甫后来能达的高度,不过这还只是十二韵的短篇,虽然是气吞全牛的乳虎,究竟比长啸生风的猛虎有所不同。在这个时期内,他和李白还有一段距离,三十四岁那一年,他赠李白的一首诗说:

秋来相顾尚飘蓬,未就丹砂愧葛洪,痛饮狂歌空度日,飞扬跋扈为谁雄。

有一点我们可以看到的,李白在那里不断地做他的古题乐府，但是杜甫一篇也没有写。这是他的特色。他写了《饮中八仙歌》《今夕行》，但是他决不写《长干行》《白纻辞》。李白不妨写他那首"饭颗山头逢杜甫，……"杜甫始终没有写过一句轻视李白的诗句，最多只写到"何时一樽酒，重与细论文"，但是杜甫决不菲薄李白。岂但不菲薄李白，他也很少菲薄任何人，所以他在《论诗绝句》里说："不薄今人爱古人，清辞丽句必为邻。"这是杜甫的个性，通过他的诗篇可以使我们理解的。

无论诗人文人，乃至搞任何创作的人，经常总有两人齐名的事。李白、杜甫就是这样。因为是齐名，后来的聪明作者就要对他们分出一个高低来。有了李杜，就必然有人出来，不是扬杜抑李，就是扬李抑杜。这还是聪明人所做的事，但是聪明人之上还有更聪明的，看来李杜的抑扬已经说得很多，没得再说了，于是天回地转，花样翻新，尽管三五年之前可以说两位诗人算是并驾齐驱，无可抑扬，但是三五年之后，世道不同，说变就变，议论就不一样了。

这一点我们是清楚的。在杜甫未入长安以前，他对于当时的政治现实还不够理解，甚至还很不理解。他没有接触到人民的思想感情，因此这时他的作品还无法达到后来的高度。倘使我们在读杜诗的时候,他在篇中根本就没有提到人民,或是即使有了,我们还看不出人民的思想感情,那么对于杜诗,不能作出很高的评价,这只是情理之常,一点也不足为怪的。

第二章 西归到咸阳
(746)

杜甫的进入长安,大约在天宝五载或六载(746或747),那时杜闲调奉先令,不久随即死去,杜甫感到有寻求生活道路的必要。他不可能认识到作为一个地主,这是不荣誉的剥削行为,但是他必然认识到他的"两京有薄产",是不能满足生活需要的。怎么办呢?只有做官,因为做官是宦家子弟的唯一的生活道路。怎样才能做官呢?唐代是不一定凭考试的,要去求官。怎样的求法呢?最明确的一条路是求皇帝。为了生活,杜甫就顾不得许多了,第一是去献赋。天宝六载,他献上一篇《天狗赋》。他说:

……每岁,天子骑白日,御东山,百兽跧跧

以皆从兮,四猛仡铦锐乎其间。夫灵物固不合多兮,胡役役随此辈而往还。惟昔西域之远致兮,圣人为之豁迎风,虚露寒,体苍螭,轧金盘,初一顾而雄材称是兮,召群公与之俱观。宜其立间阖而吼紫微兮,却妖孽而不得上干,时驻君之玉辇兮,近奉君之渥欢。……

这一篇《天狗赋》,达到什么目的呢?什么也达不到。玄宗的天狗,只是动物园中的一条狗,无论作者怎样的歌颂,是不会达到引起注意的企图的。这一次杜甫显然是失败了。但是问题还不太大,兖州司马、奉天县令的宦囊,总还可以使这位诗人维持一个少爷的生活吧。但是不久杜闲去世了,杜甫的生活也受到影响。数年以后,他再度想起献赋的事情。

天宝九载(750),杜甫献了《雕赋》。在那篇进赋表里,他说到自己的生活:

……臣之近代陵夷,公侯之贵磨灭,鼎铭之勋不复照耀于明时。自先君恕、预以降,奉儒守官,未坠素业矣。亡祖故尚书膳部员外郎先臣审言,修文于中宗之朝,高视于藏书之府,

> 故天下学士到于今而师之。臣幸赖先臣绪业，自七岁所缀诗笔，向四十载矣，约千有余篇。今贾、马之徒，得排金门上玉堂者甚众矣。惟臣衣不盖体，尝寄食于人，奔走不暇，只恐转死沟壑，安敢望仕进乎？伏惟天子哀怜之。明主傥使执先祖之故事，拔泥涂之久辱，则臣之述作，虽不足鼓吹"六经"，先鸣数子，至于沉郁顿挫，随时敏捷，而扬雄、枚皋之徒，庶可企及也。有臣如此，陛下其舍诸！伏惟明主哀怜之，无令役役便至于衰老也。

在《天狗赋》里，杜甫只是赋物，没有抒情；在《雕赋》里就完全不同了。这是很可以理解的。无论是天狗或是地狗，狗终究是狗，三十多岁的杜甫，脊梁骨还是硬的，他还不至以狗自比。雕就迥然不同了，背负苍天，下视平野，欻然一击，扶云直上，这样的英姿俊态，是杜甫不妨引以自比的，所以篇终他说：

> ……故其不见用也，则晨飞绝壑，暮起长汀，来虽自负，去若无形。置巢藏巘，养子青冥，倏尔年岁，茫然阙廷，莫试钩爪，空回斗星。

众雏倘割鲜于金殿,此鸟已将老于岩扃。

在这一篇里,杜甫对于自己的身份还是有所保留的。这正和两年以前他《奉赠韦左丞丈二十二韵》一样。他自称:

……甫昔少年日,早充观国宾,读书破万卷,下笔如有神。赋料扬雄敌,诗看子建亲,李邕求识面,王翰愿卜邻。自谓颇挺出,立登要路津,致君尧舜上,再使风俗淳。

因为他在这里是有些夸张,一千多年以来的读者很少认为杜甫有这样一套本领。他所得的结果只是:

骑驴三十载,旅食京华春。朝扣富儿门,暮随肥马尘,残杯与冷炙,到处潜悲辛。……

他最后的结论是:

今欲东入海,即将西去秦,尚怜终南山,回首清渭滨。常拟报一饭,况怀辞大臣,白鸥没浩荡,万里谁能驯。

但是这并没有得到韦济的同情,正和两年以后,没有得到玄宗的同情一样。无论他是怎样地自己糟蹋自己,或是怎样地自许清高,寄情世外,在最高统治者看来,他只是砧上之肉,釜中之鱼,是没有多大的活动余地的。

然而杜甫还得在最高统治者面前,不断地变换手法,求得统治者的一顾。为什么?因为他总怀恋着"何日沾微禄,归山买薄田"的恩泽,和"生常免租税,名不隶征伐"的自由。是杜甫的不自贵重吗?不一定。在专制压迫之下,除了能和统治者作拼死的斗争,或是坐待宰割,不断哀求之外,是没有第三条路的。杜甫所采取的是第二条路。

天宝十载(751),是他流落长安的第六年,杜甫献《三大礼赋》,这一次他取得了一定的成果。玄宗命他待制集贤院,算是给他第一步的赏识。是不是这几篇作品,和《雕赋》相比,有更好的成就呢?不是如此,主要还是由于他的尽力歌颂,不但歌颂了玄宗,而且歌颂了当朝的权要,不表示丝毫的愤懑。因此他成了最忠实、最温驯的臣民。这样的人正是统治者满心满意培养造就的人物。

这三篇大赋之中,确实有一些名句的。如《朝献太清宫赋》的……九天之云下垂,四海之水皆立。

《朝享太庙赋》的

……园陵动色,跃在藻之泉鱼;弓剑皆鸣,汗铸金之凤马。

《有事于南郊赋》的

……战岐栗华,摆渭掉泾;地回回而风浙浙,天泱泱而气清清。甲胄乘陵,转迅雷于荆门巫峡;玉帛清迥,霁夕雨于潇湘洞庭。

这些都是名句,是和古代赋家的作品相较而毫无逊色的。但是这还不是画龙点睛的所在。在《朝享太庙赋》里,他提出"于是二丞相进曰",丞相指李林甫、陈希烈。天宝十三载(754),他在《献封西岳赋表》里说:"维岳,授陛下元弼,克生司空。"司空指杨国忠。总之对于当时的大奸巨憝,只要是玄宗信任的,杜甫都给予高度的评价。

是不是这样就能满足统治者的要求呢？还不。他必须极力贬低自己，表示他是如何地安心于这样的贬低。他在《进三大礼赋表》中说：

> 臣甫言，臣生长陛下淳朴之俗，行四十载矣。与麋鹿同群而处，浪迹于陛下丰草长林，实自弱冠之年矣。岂九州牧伯，不岁贡豪俊于外，岂陛下明诏，不反席思贤于中哉！臣之愚顽，静无所取，以此知分。沉埋盛时，不敢依违，不敢激讦，以渔樵之乐自遣而已。

这才是奴隶的语言，他受到蔑视，但是他不但充分地认识到这是应该的，而且一再表明，不敢有一丝一毫的反抗，完完全全认为这是应该的，是自己的本分，是应当自我满足的。

这一次杜甫揣摩有得了，据《旧唐书·杜甫传》说"玄宗奇之，召试文章，授京兆府兵曹参军"。事实上这件事是拖着，从天宝十载（751）一直拖到天宝十四载（755），这一年他得到的官是河西尉。尉官是什么？用现代的语言说，是管理地方治安的。河西不但路远，单是这个尉官就是不容易担负的工作。杜甫有《送高三十五书记十五韵》,诗中说:"脱身簿尉中,始与捶楚辞。"什么是"始与捶楚辞"? 注家说:"当指他人言为是。"这是说在高适不担任主簿或县尉的工作中,他可以不必捶楚他人了。其实这是错的,本意是说不担任这项工作,就不至于受到捶楚。杜甫是不愿接受这个处分的,因此改右卫率府胄曹参军,这一年是天宝十四载(755),是大唐帝国动乱的前夕。杜甫作品的基调开始了一个大转变。

在这一年和这一年以前,大唐帝国是在全盛之日,杜甫在诗中说:

忆昔开元全盛日,小邑犹藏万家室,稻米流脂粟米白,公私仓廪俱丰实,九州道路无豺虎,远行不劳吉日出,齐纨鲁缟车班班,男耕女桑不相失。宫中圣人奏云门,天下朋友俱胶漆,百余年间未灾变,叔孙礼乐萧何律。……

——《忆昔》

从贞观四年(630)大唐帝国成立以来,一共八十多年,大唐帝国的形势,中间不是没有一些挫折,但是大体上是一直向上的。玄宗即位以后,积极推进扩张政策,这样地为本国和邻国造成了极大的灾难。

　　中国历史上不是没有过扩张主义，但是像玄宗这样的扩张主义者，是以前所没有的。秦始皇统一全国，是把境内的落后的割据者消灭了，为全国的安定和发展安排了最好的基础，这不是扩张主义。汉武帝打败匈奴，同时向辽东和陇西发展，截断匈奴向东北、西北两方对于中原进行包围，这是为了争取中原的独立和安全，不是扩张主义。唐太宗的后期，是有一些扩张的形势了，但是在东北和西北的安全得到保证以后，大唐帝国的形势一经稳定，他随即停止进攻，全国境内重行回到安定发展的道路。所以无论秦皇、汉武，以至唐太宗，我们倘使按照历史的具体情况加以分析，都不能认为是扩张主义者。

　　唐玄宗就不同了，这是一个地地道道的扩张主义者。对于四邻的国家，无论是不是大唐帝国的成员，他一律地进行进攻，进行掠夺。特别是对于吐蕃，这个帝国内部的第二王朝，中间的战事特别残酷。既然是帝国的内部了，为什么还要有这许多战争？我们倘使以日耳曼帝国为比，那么普鲁士和奥地利的不断争斗，正是一个可以互相证明的成例。

　　中国古代对于四围的国家和部落，经常称为蛮夷戎狄，近代人认为这样的称呼是不好的，是对于毗邻的一种侮辱，这样的说法也对，但是从这四个字的语根看问题，语言学家可能有各种不同的解释，特别是关于东西两方。东方人称为夷，描绘着大人执弓；西方人称为戎，是武器和头盔的复合体：这就是说东西两方的人民都是武器不离手，经常准备战争的，这对于唐代的契丹族和吐蕃族是非常适合的。特别是吐蕃王族，他们一边和李姓王朝通婚，文成公主和金城公主的出嫁，象征着两个王朝关系的密切，但是两个王朝的互相掠夺，并没有因此得到任何的缓和。和平是象征的，唯有各种形式的斗争才是永久的。

在李姓王朝和吐蕃王朝通婚的当中，李姓王朝犯了一个战略上的大错误，就是在金城公主的妆奁中，李姓王朝陪上了黄河九曲。黄河九曲是黄河上游、青海湖以西，目今的龙羊峡那里一大段中古时期水草茂盛的地方，这就造成了对于吐蕃的一个极端有利的形势。两个王朝，西起安西四镇，南达六诏，成了一个数千里的对立的形势，而以黄河九曲为两朝生死存亡的必争之地。盘踞九曲，造成了吐蕃可以进攻，随时截断河西走廊，孤立安西四镇，威胁秦川，动摇李姓王朝的形势。所以黄河九曲这一份妆奁，是以李姓王朝人民的血泪为代价的。

大唐帝国控制西方的战略，是以北庭、安西两个大都护府为关键的。北庭大都护府，贞观十四年(640)置，不久即废，显庆三年(658)复置。安西大都护府，显庆二年(657)置，咸亨元年(670)吐蕃陷都护府，长寿二年(693)收复。在吐蕃截断河西走廊的当中，这两个部分都和长安失去联系，直至建中二年(781)，才能重行取得。所以北庭、安西这两个都护府的存在，是和大唐帝国的命运息息相关的。

为了保全安西、北庭的地区，为了控制吐蕃势力向河西走廊发展的野心，李姓王朝有必要收回黄河九曲的地方，但是这是金城公主的妆奁地区，是不是可以向这里进军，特别是这座主要军事建设石堡城？天宝五载(746)玄宗诏问河西、陇右节度使王忠嗣。王忠嗣的答复是："石堡城是一座险固的要塞，吐蕃以全力固守。倘若屯兵坚城之下，必须付出数万人的生命，才可以有成功的可能，是所得不如所失的策略；必须休兵秣马，待吐蕃有了可乘的机会，才是上策。"这是一个无法令皇帝满意的答复。次年董延光献策进攻石堡城，玄宗命王忠嗣出兵接应。忠嗣承认出兵，但是很不得力，董延光不满意。忠嗣部下河西兵马使李光弼看到形势不对，正在设法走近忠嗣。

在他走近的时候,忠嗣问:"李将军有什么话要说?"

"请求讨论军事。"光弼说。

"怎样讨论呢?"

光弼说:"在和延光商议军事的时候,大夫(当时王忠嗣挂着御史大夫的官衔)考虑到士卒的艰危,对延光有拒绝支援的表现,虽然是接受诏书,其实意不在此。大夫的库中充满财帛,为什么吝惜数万段的重赏不去杜塞延光的谗口呢?他如不能取胜,那时必然要归罪大夫。"

忠嗣慨然地说:"李将军,我的决心下定了。我早年的时候,何曾想到富贵?目今为了一座石堡城,得到手未必能控制对方,得不到也无害于国。忠嗣为什么要以几万人的生命换取自己的一官半职。假如圣上见怪,我受到贬斥,何至连一个金吾羽林将军也捞不到?退一步讲,即使很不幸,也不过降到黔中的州官助理。这是我甘心的。话虽如此,你对我的切实爱护,我是感激的。"

王忠嗣这一番不以数万生命换取一官半职的决心很感动了李光弼。光弼说:"先此我唯恐连累大夫,因此说出了自己的苦心。大夫能做到古人的用心,是光弼不能及的。"

这一次战役是失败了,延光把责任推给忠嗣,说他支援不力。宰相李林甫是以口蜜腹剑出名的,进了谗言,说是忠嗣准备拥戴太子,夺取帝位,这就更触犯了玄宗。王忠嗣解职,进京候审。幸亏他的继任人哥舒翰竭力担保,忠嗣免了死罪,降为汉阳太守。

天宝八载(749)玄宗发兵十万,由哥舒翰指挥,进攻石堡城,这一次果然夺得了,但是正如王忠嗣预见的,兵士死亡过半。大量的死亡,主要是为的满足玄宗的欲望。

吐蕃的军队占据了青海的肥沃地带,是不是对于李姓王朝构成威胁呢?是构成威胁的。但是我们必须认识到两个毗邻的王朝,是相互构成威胁的。倘使因为构成威胁,就得进兵攻取,那么战争是不会有结束的一日的。那怎么办呢?近代的办法,是通过协商,双方都不在边境设防。古代是没有这一类国际协定的,但是在巩固边防的条件下,不是没有办法使对方不至冒险出兵,何况李姓王朝和吐蕃王朝一向是通过婚姻,保持和平,诗人认为吐蕃王朝是"西戎甥舅国",因此只要克服自己的侵略野心,两个封建王朝是可以和平共处的。

但是由于玄宗的侵略野心和吐蕃的坚决抵抗,这两个王朝的战线,从巴尔喀什湖、青海湖直到滇池、洱海,始终是在对立着。战士是在流血牺牲,十五岁的孩子,已经被迫着要拿起刀枪为皇上作战,只要他还有一口气,他就有为皇上出征作战的义务;头发白了,还得作战。活的是人,死了便是鬼;是人就得流血,鬼没有血流了,就在那里啾啾地哀号。满地的白骨,遍野的哀号,朝廷从东北、东南把小孩、壮丁和老叟都集中到关中,然后再发动关中的广大人民,汇成人海拥向西边,从西北到西南这一条漫长的战线,成为人民送死的屠场,由人变成鬼,再由鬼变人的辛酸、悲痛,一一地号呼出来。

杜甫的诗变了。

杜甫出生于小官僚的家庭。官虽小,但是有特权的。他不曾说过吗?"生常免租税,名不隶征伐。"但是小官僚和大官僚有区别,大官僚和皇帝也不一样。杜甫的心受到他的地位给予的创伤,但是心还是心。从心里渗出来的是血,从眼里渗出来的是泪。杜甫在长安的十年落魄,不一定完全是坏事,因为他的落魄,对他是一种教育,使他理解到他还是有血有泪的。天宝十一载(752),他的《兵车行》是他的作品中的一个大转变。

> 车辚辚,马萧萧,行人弓箭各在腰,爷娘妻子走相送,尘埃不见咸阳桥,牵衣顿足拦道哭,哭声直上干云霄。道旁过者问行人,行人但云

点行频,或从十五北防河,便至四十西营田。
去时里正与裹头,归来头白还戍边,边庭流血
成海水,武皇开边意未已。君不闻汉家山东二
百州,千村万落生荆杞,纵有健妇把锄犁,禾生
陇亩无东西。况复秦兵耐苦战,被驱不异犬与
鸡。长者虽有问,役夫敢申恨!且如今年冬,
未休关西卒,县官急索租,租税从何出?信知
生男恶,反是生女好,生女犹得嫁比邻,生男埋
没随百草。君不见青海头,古来白骨无人收,
新鬼烦冤旧鬼哭,天阴雨湿声啾啾。

当时杜甫的生活还和一般人有所区别,但是在这首诗里,他已经不是一位普通的旁观者,而是充满了热情、充满了血泪的诗人。他是一个能够急人民所急,痛人民所痛,对于人民怀着满腔热情的人。为什么他在这些出征的士兵中,特别强调驱同鸡犬的关中人呢?这里当然有一个历史的传统。从北周王朝起,就以关中士兵为基础,摧毁了北齐和梁,其后隋王朝再在这个基础上摧毁了陈,统一了全中国。因此在唐初开国的时候建立府兵制,全国置府六百三十四,关中占有二百六十一。及至府兵制崩溃,改为𬳵骑,在这常备十二万中,京兆、同、

岐、华就占有八万七千,将近四分之三的兵役,完全由关中负担。杜甫对于人民的痛苦,是有一个认识的。

为了对吐蕃王朝的作战,从巴尔喀什湖到洱海的苦斗,唐代有名的诗人都留下不朽的记载。这里姑举白居易和李白两首诗。

白居易的《新丰折臂翁》清清楚楚地指出在云南的战争:

> 新丰老翁八十八,头鬓眉须皆似雪,玄孙扶向店前行,左臂凭肩右臂折。问翁臂折来几年,兼问致折何因缘?翁云"贯属新丰县,生逢圣代无征战,惯听梨园歌管声,不识旗枪与弓箭。无何天宝大征兵,户有三丁点一丁。点得驱将何处去,五月万里云南行。闻道云南有泸水,椒花落时瘴烟起,大军徒涉水如汤,未过十人二三死。村南村北哭声哀,儿别爷娘夫别妻,皆云前后征蛮者,千万人行无一回。是时翁年二十四,兵部牒中有名字,夜深不敢使人知,偷将大石捶折臂。张弓簸旗俱不堪,从兹始免征云南。骨碎筋伤非不苦,且图拣退归乡土。……"

还有一首是李白的《蜀道难》。这是一首脍炙人口的名篇,但是究竟指的什么,没有定论。关于这首诗的原始材料,见于王定保《唐摭言》:

> 李太白始自西蜀至京,名未甚振,因以所业贽谒贺知章。知章览《蜀道难》一篇,扬眉谓之曰:"公非人世之人,可不是太白星精耶!"

这一段记载是没有争议的,那么"始自西蜀至京"在哪一年?《新唐书·李白传》称:"天宝初,南入会稽,与吴筠善。筠被召,故白亦至长安,往见贺知章。知章见其文,叹曰:'子谪仙人也。'言于玄宗,召见金銮殿。""天宝初"是玄宗召见李白的一年;在召见以前,知章已经见到他的文学作品,这也是不争的事实。明代的胡震亨说起《蜀道难》:

> 此诗说者不一,有谓为严武镇蜀放恣,危房琯、杜甫而作者,出范摅《云溪友议》,"新史"所采也。有谓为章仇兼琼作者,沈存中、洪驹父驳前说而为之说者也。有谓讽玄宗幸蜀之非者,萧士赟注语也。兼琼在蜀无据险跋扈之

迹，可当斯语，而严武出镇在至德后，玄宗幸蜀在天宝末，与此诗见赏在天宝初者年岁亦皆不合。则此数语似并属揣摹。

沈德潜《唐诗别裁》指出："萧士赟谓禄山乱华，天子幸蜀而作。"这句话是比较肯定了，但是玄宗幸蜀在天宝的最后一年，与"天宝初"之说不合。在那一年，安禄山的部下，进入长安，收复西京的策划还没有肯定，李白凭什么和玄宗说，"锦城虽云乐，不如早还家。"玄宗到成都去，乐在哪里？要他还家，还到哪里？何况玄宗和他的儿子肃宗，无形中在对立，李白追随永王璘，一身不能自保，更何从要玄宗回京，所以萧士赟是错了，沈德潜也没有对。

问题在于"天宝初"的初字。既言"初"，那就断然不是"末"。那么究竟是哪一年呢？一般人屈指计日，从"初一"到"初十"都是"初"。所以"天宝初"不妨略迟一些，但是和"天宝末"是绝不相同的。在这个时间观念确定以后，那么诗中所说的：

……问君西游何时还，畏途巉岩不可攀，
但见悲鸟号古木，雄飞雌从绕林间。又闻子规啼夜月,愁空山。蜀道之难难于上青天,使人听此凋朱颜。连峰去天不盈尺,枯松倒挂倚绝壁,飞湍瀑流争喧豗,砯崖转石万壑雷。其险也如此,嗟尔远道之人胡为乎来哉。剑阁峥嵘而崔嵬,一夫当关,万夫莫开,所守或匪亲,化为狼与豺。朝避猛虎,夕避长蛇,磨牙吮血,杀人如麻,锦城虽云乐,不如早还家。蜀道之难难于上青天,侧身西望长咨嗟!

杜甫在《遣怀》那首诗里不曾说过么?

……先帝①正好武,寰海未雕枯。猛将收西域,长戟破林胡,百万攻一城,献捷不云输,组练弃如泥,尺土负百夫。

为什么这两位诗人,写着同一个阶段,杜甫写得那样的雄武,李白却写得那样的惨厉呢?杜甫写的是现实,李白写的是通过诗人的想象,所说的是四川一带的艰危。这个艰危是通过李姓王朝和吐蕃王朝的多年辛苦作战

---

① 玄宗。

而形成的。

因此,我们通过具体的考证,可以看到这两个王朝在数千里的边界线上争夺一些艰危的碉堡,正在为人民制造不可逾越的苦难。李白、杜甫和后来的白居易,都把他们所见的苦难记录下来,这是他们的贡献。

天宝十一载(752)杜甫有《出塞九首》,为了区别于两年以后的《出塞五首》,又称《前出塞》。在这九首诗里,杜甫把自己投入进去,全部作第一人称,不再是第三人了。因此诗篇里更加充满了悲愤、沉痛和决死的气氛。他在首篇就说:

……君已富土境,开边一何多,弃绝父母恩,吞声行负戈。

第六首说:

……杀人亦有限,立国自有疆,苟能制侵陵,岂在多杀伤。

他毫不迟疑地把发动战争的责任,全部地、肯定地着落在玄宗头上。为了玄宗的无边无涯的野心,把死亡带给广大的士兵，无论是汉族或是吐蕃族。作为封建时代的作者，每个人头上都有一条戒箍，他得把君王安排在一套光圈里，作为神圣供养起来，但是在这位"神圣"给人民只能带来死亡的时候，杜甫顾不得了，他把一切责任落到玄宗名下。

无边无际的浩劫降落到人民身上，但是这位凶恶的煞神正在欣赏自己的成就。杨玉环可能只是一个贪图享乐，没有灵魂的女人，这时正在宫中做贵妃，而她的三位姊姊由于还没有戴上妃嫔的枷锁，却在外面及时行乐。让我们来看一看这三位没有灵魂的女人是怎样地享受这人肉的筵席吧。《丽人行》说：

> 三月三日天气新，长安水边多丽人，态浓意远淑且真，肌理细腻骨肉匀。绣罗衣裳照暮春，蹙金孔雀银麒麟。头上何所有？翠为匎叶垂鬓唇。背后何所见？珠压腰衱稳称身。就中云幕椒房亲，赐名大国虢与秦。紫驼之峰出翠釜，水精之盘行素鳞，犀箸厌饫久未下，鸾刀缕切空纷纶。……

这样已经算是穷奢极侈吧？不然，宫中还不断地送

来珍羞百味。《丽人行》又说:

> ……黄门飞鞚不动尘,御厨络绎送八珍,箫鼓哀吟感鬼神,宾从杂遝实要津。后来鞍马何逡巡,当轩下马入锦茵,杨花雪落覆白蘋,青鸟飞去衔红巾。炙手可热势绝伦,慎莫近前丞相嗔。

好一幅仕女行乐图!但是事实上只是一群鬼子母,在那里咀嚼人民的膏血。丞相是杨国忠,贵妃的远房哥哥。杜甫在《献封西岳赋表》里曾说起"维岳,授陛下元弼,克生司空",就是这一位。为什么杜甫在表里正在歌颂,在诗里又在讽刺呢?是不是杜甫也是一个两面派?是的,他是一个两面派。在极权专制的时代里,正在为两面派的出现,培植肥沃的土壤。除非一个人准备随时受刑,或是终身槁饿,他有时不能不用这样的语言为自己延长短暂的生命,或是塞满空洞的肠胃。一切都在受着时代的支配。

杜甫的诗是在变了,变得更凄厉了,更充满血泪了。尽管他有时也游何将军山林,陪贵公子丈八沟携妓纳凉,赴崔驸马山亭宴集,和岑参兄弟渼陂泛舟,但是这只是不重要的一面。主要的一面还是关心国家的前途,关心这个国家由盛而衰的大变动。

大动乱是注定要来的,这是天宝十五载(756)。大地震的前夕,一切蛰居在地层深处的动物,都会惊惶失措地从地下跳出来,乱逃乱蹦,人类看到就会知道这一场灾难已在目前了。这是它们的第六识,也可能是由于他们接触到地层深处,意识到灾难已经是迫在眉睫了。天宝十四载(755),杜甫又写了五首《出塞》诗,一般称为《后出塞》,这里录第三、第四两首。

古人重守边,今人重高勋,岂知英雄主,出师亘长云。六合已一家,四夷且孤军,遂使貔虎士,奋身勇所闻。拔剑击大荒,日收胡马群,誓开玄冥北,持以奉吾君。

献凯日继踵,两蕃静无虞,渔阳豪侠地,击鼓吹笙竽。云帆转辽海,粳稻来东吴,越罗与楚练,照耀舆台躯。主将位益崇,气骄凌上都,边人不敢议,议者死路衢。

在第三首里,杜甫指出一切战祸主要是由玄宗发动的。整个的大唐帝国已经安定,四方的敌人已经孤立,但是在玄宗的指挥下,士卒们决心为自己的君主向北方作战,誓把北极以北的地方打开,献给自己的君主。什么叫做"玄冥北",这个北极以北的地方?这只是昏聩的胡言谵语,但是最高统治者既然提出这样的要求,苦难的、从人民中出身的士卒只有以此来鼓励自己。

第四首点出了当时东方的大将安禄山。大唐帝国是以东北和西北作为帝国的两个重镇的。安禄山这一个胡人在这一年是平卢节度使兼范阳和河东两镇节度使,占有现代东北、华北和山西等地,领奚、契丹两个属国。他的兵力和西北的哥舒翰相等,而因为西北的吐蕃王朝不断向李姓王朝进行牵掣,因此哥舒翰所能调遣的军队远远不及禄山,这就为禄山造成了特别的优势。"气骄凌上都",成为一般人共同的认识。但是谁也不能向玄宗进一言,因为玄宗对于禄山的信任已经达到了顶点,任何进言的人都由玄宗派人交给禄山。谁还能和自己开这个性命攸关的玩笑呢!

这一年的十月,玄宗和杨贵妃,在羽林军的护卫中,到了临潼,这里离长安不远,有名的华清宫就在此。白居易《长恨歌》所说的"春寒赐浴华清池,温泉水滑洗凝脂,侍儿扶起娇无力,始是新承恩泽时",正是指的这里,

/杜甫叙论

不过这一年不是"春寒"而是秋寒罢了。也在这十月里，杜甫由长安出发前往奉先县探望家属，留下了一首长诗《自京赴奉先县咏怀五百字》。在这诗的篇首，他给我们留下的自画像是一位迂腐的老儒，他要做官，官是做到了，谁知道一个起码官能做出什么来？然而他还是腐气熏人地说：

……生逢尧舜君，不忍便永诀，当今廊庙具，构厦岂云缺，葵藿倾太阳，物性固莫夺。顾惟蝼蚁辈，但自求其穴，胡为慕大鲸，辄拟偃溟渤。以兹悟生理，独耻事干谒，兀兀遂至今，忍为尘埃没。终愧巢与由，未能易其节，沈饮聊自遣，放歌颇愁绝。……

接下他写到他是怎样从骊山脚下绕过的。他在中夜出发：

……岁暮百草零，疾风高冈裂，天衢阴峥嵘，客子中夜发。霜严衣带断，指直不得结，凌晨过骊山，御榻在嵽嵲。蚩尤塞寒空，蹴踏崖谷滑，瑶池气郁律，羽林相摩戛。君臣留欢娱，乐动殷胶辐,赐浴皆长缨,与宴非短褐。彤庭所分帛,本自寒女出,鞭挞其夫家,聚敛贡城阙。圣人筐篚恩,实欲邦国活,臣如忽至理,君岂弃此物。多士盈朝廷,仁者宜战栗,况闻内金盘,尽在卫霍室。中堂有神仙,烟雾蒙玉质。暖客貂鼠裘,悲管逐清瑟,劝客驼蹄羹,霜橙压香橘。朱门酒肉臭,路有冻死骨,荣枯咫尺异,惆怅难再述。……

从他亲眼看到的,这位诗人捉摸到了具体的真理。皇帝是富有的,但是皇帝的富有,正是建筑在饥寒交迫的贫民身上。一切财富都从贫苦人民身上用皮鞭抽出来。无穷无尽的艰苦,终于结晶成为豪贵的财富。他们是当代的卫青和霍去病,他们有的是娇贵的神仙一样的歌童舞女,吃的穿的都是鲜美豪华的。这是朱门以内。朱门以外呢,是路有冻死骨。"朱门酒肉臭,路有冻死骨。"杜甫这两句诗,用强烈的对比,写出不同阶级的不同的生活情况,到这里已经达到最高峰。后来多少的批评家说他是"村夫子",这是说他不理解豪华的生活,这些话也不错,但是杜甫的这两句诗是用黄金铸成的,在中国诗坛里,发出永久的光芒。

/杜甫叙论

杜甫的家庭是一个多子女的家庭。在这一群儿女中,我们知道的至少有七个:宗文、宗武两个男孩,还有晓妆画眉的长女,补绽过膝的两小女,总共是五个。第六个也在这首诗里看到,但是已经饿死了。第七个女儿出生,是在杜甫的暮年了。现在杜甫在这首"咏怀"诗里说:

……老妻寄异县,十口隔风雪,谁能久不顾,庶往共饥渴。入门闻号咷,幼子饥已卒,吾宁舍一哀,里巷犹呜咽。所愧为人父,无食致夭折,岂知秋未登,贫窭有仓卒?生常免租税,名不隶征伐,抚迹犹酸辛,平人固骚屑。默思失业徒,因念远戍卒,忧端齐终南,澒洞不可掇。

这一个幼年的孩子已经夭折了,是饿死的。杜甫的疑问,一千二百多年以来没有得到解答。为什么一位小官的孩子,偏偏在这秋收的时候饿死呢?这说明在这庞大的帝国中,高官厚禄只是为了豢养一批大官僚的,至于小官僚的孩子,那只能由他们自生自灭。是不是杜甫以及和杜甫同阶层的人物完全没有得到照顾呢?也不然。杜甫自己也说"生常免租税,名不隶征伐",他还是受到照顾的。然而他的孩子已经饿死了,他们夫妇带同五个孩子还在死亡线上挣扎。活着便要挣扎,死了只算是贫窭的仓卒(现代称为"活该"),这算是什么生活呢?然而杜甫已经感到很满足,应当对于皇上歌颂。"生逢尧舜君",那还能不满足么!

古代的历史是用人民的血泪写成的。在艰难困苦的年代里,人民是在死亡线上挣扎,即使是在史家所说的太平盛世,人民还是在血泊里偷生。欢乐是偶然的,痛苦和死亡是必然的。在那样的年代里,人生的悲哀是忘去了必然的到来,而把偶然的遭际作为应得的果实,因此不断地沉浸在失望和愤懑之中。

开元、天宝四十三年的虚假的盛世,到杜甫写这首"咏怀"诗的时候已经快结束了,连一个小官僚都无法养活自己的孩子,这个盛世还要它干什么?所以这家孩子的丧钟正宣告着一个时代的结束,而代替这虚假的盛世的是真切的死亡。时代变了,但是并没有为人民,包括这位小官僚的家庭,带来一丝一毫的幸福或希望。

第三章 渔阳鼙鼓动地来
（755）

天宝十四载（755），安禄山对于唐玄宗发动了一次战争。从封建体制看，这是一场叛乱；从人民立场看，这是一次改朝换代的斗争。安禄山的这次动乱，虽以彻底失败而告终，但是大唐帝国在这一次战争中垮了，李姓王朝对于大西北方面的控制丧失了。在九世纪的中间虽然一度有所恢复，但是已经丧失的威望，始终不能复振。岂但大西北，即使在华北，李姓王朝固有的疆土，也不能彻底执行中央的命令，所以天宝十四载的战祸是有划时代的意义的。

安禄山的动乱是彻底失败了，因此他在历史记载中留下了一种特别丑恶的形象。《旧唐书》说起他的身体特别肥大，每次着衣总得有三四人帮忙，首先是由两人把他的肚皮拉上，再由一人用头顶住，然后由人着衣。

看来这不一定可靠,因为这只能证明他是臃肿病的病员,那凭什么再去策划战争,主持政事呢?史家对于搞叛变的失败者,经常加以漫画式的刻画,其实不一定符合事实的。

早一年史家留下了详细的记载,当时是户九百六十一万九千二百五十四,三百八十八万六千五百四不课,五百三十万一千四十四课;口五千二百八十八万四百八十八,四千五百二十一万八千四百八十不课,七百六十六万二千八百课。什么是不课?这是杜甫所说的"生常免租税,名不隶征伐"。就是说免税免役的户占百分之五十四,税役不免的占百分之四十六。从口的方面看,免税免役的占百分之八十六,税役不免的占百分之十四。再从人口的平均数看,免税免役的每户约十四人,税役不免的每户约七人。从史书留下的数字看,对于国家的负担,落到百分之十四的人身上,百分之八十六的人没有什么负担。从另外一面看,免税免役的人家,可以包庇一大批人,连带他们也可以免税免役。数字是无情的,而这无情的数字却告诉我们一个真理,当时的国家只是为有权有势的人谋利益的,一切负担,包括血的课税在内,落在无权无势的人的头上。

这些数字可能还有错误,例如课税役和不课税役的人的总和与人口总数不相等,但是大体上是不会错的。天宝十三载(754)的负担不平已经达到这样惊人的情况,这样的政治体系还要它做什么!不过,话要说回来,安禄山不是革命派,他对于玄宗的统治进行的夺权,其实即使实现了,也不可能对于人民带来任何的好处,时代还早,人民对于政权应当如何使用,还没有正确的认识,因此唐玄宗也好,安禄山也好,对于人民是一样的。无权无势的人民,永远不会享受免税免役的权利,说不定还要他们去为这些不干好事的统治者献出自己的生命。

安禄山出兵的时候,号称十五万,凭这一个数字,要夺取全中国是远远不够的,但是要夺取东京洛阳和西京长安,并不为难。他从渔阳起兵,号称要杀杨国忠,争取人民的同情。玄宗看看情况紧迫,他的计划是用西北的军队抵抗东北的军队,这一个策略是不错的,但是西北的军队都在边防要地,面对着吐蕃王朝的大军,他调不动。可是西北的几位有名的大将高仙芝、封常清是可以调动的。首先他调用封常清,兵是没有的。

"逆胡安禄山忘恩负义,你看用什么办法把他击败?"玄宗问。

"禄山领凶徒十万,进犯中原,太平日久,人不知战,

第三章 渔阳鼙鼓动地来

但是势有逆顺，事有奇变，臣请走马赴东京，开府库，募骁勇，扬鞭渡河，计日可取逆胡之首献于阙下。"常清说。

当天常清前往东京，到达以后，立即挂榜招募，共得六万人。他是一位战将，但是他的部下只是东京的市井游手之徒，要打安禄山的久经训练的军队是没有把握的。第一步他先把河阳大桥砍断，截断禄山黄河以北的军队。可是禄山的大军在陈留渡河，他只得退到洛阳上东门。看看战事不利，他再退到都亭驿。战事还是不利，他重行退到陕县。到了这里，他遇到高仙芝。

高仙芝也是从长安来的，一路他招募了五万军队，恰恰遇到封常清，他们一商量，在这个情况下，和安禄山的决战是没有把握的。他们退到潼关，在关外修筑坚强的工事，抵御禄山的入侵。安禄山从河北出发，在不到两个月的时间内，从河北打到河南，从陈留打到潼关，如入无人之境，可是到了潼关，他的攻势煞住了，即在高仙芝、封常清被杀以后，以带病潦倒的哥舒翰还坚守六个月，给玄宗以一个重行整顿，准备反攻的机会。仙芝、常清整顿潼关工事的功绩是不可埋没的。但是这并没有争得玄宗的原谅。玄宗在盛怒之下，把仙芝、常清这两位大将都给杀了。常清临死之前，给玄宗上奏，他说：

……臣所将之兵,皆是乌合之徒,素未训习。率周南市人之众,当渔阳突骑之师,尚犹杀敌塞路,血流满野。臣欲挺身刃下,死节军前,恐长逆胡之威,以挫王师之势。是以驰御就日,将命归天。一期陛下斩臣于都市之下,以诚诸将;二期陛下问臣以逆贼之势,将诫诸军;三期陛下知臣非惜死之徒,许臣竭露。……臣死之后,望陛下不轻此贼,无忘臣言,则冀社稷复安,逆胡败覆,臣之所愿毕矣。……①

从常清最后的上表,我们很可看到,他委实是一位大将之才,他的败是无可辩解的,但是后来潼关能够坚守六个月,正是他的大功。对这次的失败,应当负责的,不是封常清,不是高仙芝,甚至也不是哥舒翰,真正的责任应当落在玄宗身上。

玄宗也不是完全没有布置的,他把朔方的郭子仪和李光弼派到晋中去,分散安禄山的兵力。同时颜真卿、颜杲卿也在当今河北、山西两省的边界上搞一些牵制安禄山的活动,不过他们是书生,究竟不是搞战斗的将帅。

---

① 《旧唐书·封常清传》。

第三章 渔阳鼙鼓动地来

不久以后，杲卿被安禄山杀了，真卿看看站不住，也绕道南方，回到长安。

哥舒翰的责任是守潼关的，这一支兵力号称二十万，玄宗手中所能搞到的军队全都扑上去了。凭着哥舒翰在西北的威望，加上这样的兵力，他是完全可以胜任的。有人提起这样的策划，一边严守潼关，一边回师长安，把祸国殃民的杨国忠杀掉，这可以平民愤，也可以堵塞安禄山称兵的借口。可是这个消息给国忠听到了，他立即在长安召集一支军队积极训练，哥舒翰的后方又准备一支对立的军队。这时哥舒翰却风瘫了，他无法出兵接战，但是经不住长安督战使者的不断迫促，他终于出兵了。六月四日出关，八日和安禄山的军队作战。在这次战役中哥舒翰的部下大败，死在黄河里的共数万人，逃过黄河的总计不足十之一二。经过这一次大败，战争的形势是决定了。

在哥舒翰出兵的当中，长安的广大群众，从皇帝、贵妃直到一般的老百姓，都在城门外伺候平安火。那时每日天黑以后放火一炬，称为平安火，紧急的时候，有时放两炬、三炬、四炬不等。放烽火的地方是每三十里设一站，如此一站一站的传过来。六月九日潼关失守，是夕平安火不至，玄宗吓昏了，立刻决定逃跑。皇帝是人民的领导,在逃命的当中,他顾不得人民了,他带着羽林兵、贵妃、皇子、公主,跑呀跑呀,连皇孙也顾不得了,何况其他。杜甫在三年后有《夕烽》诗一首:

  夕烽来不近,每日报平安,塞上传光小,云边落点残。照秦通警急,过陇自艰难,闻道蓬莱殿,千门立马看。

  应当说玄宗是机警的,不像明思宗那样,最后终于死在煤山上,以他的生命净洗十七年统治中的一切罪过。六月十一日夜,玄宗皇帝从延秋门逃跑了,天明闯过便桥,从行的杨国忠主张烧桥,总算玄宗头脑还清醒,他说:"桥烧了,后来的人怎样过呢?"

  事实上长安正有无数的人来不及出城。杜甫就是其中的一个。他的朋友苏端、薛华也都来不及出城。杜甫在这座城里游荡,只能作诗安慰自己:

  避地岁时晚,窜身筋骨劳,诗书遂墙壁,奴仆且旌旄。行在仅闻信,此生随所遭,神尧旧天下,会见出腥臊。

——《避地》

当然这都是空言慰藉,是对于自己的嘲弄。有时他去大云寺赞公那里打听消息。这是一位有政治认识的法师,有一些消息,但是也不够具体。好在杜甫的家眷这时寄居鄜州,离长安有一段路,安禄山的军队一时还去不了,对杜甫多少给了一些安全感。

在长安城里他还看到一位皇孙,这是被玄宗遗弃的。皇孙虽然是皇孙,但是并没有什么龙子龙孙的气概。杜甫看到的时候,他只是:

……腰下宝玦青珊瑚,可怜王孙泣路隅,
问之不肯道姓名,但道困苦乞为奴,已经百日
窜荆棘,身上无有完肌肤。……
——《哀王孙》

玄宗带同杨贵妃出京以后,还有一支以陈玄礼为首的羽林军,但是兵士三五成群,零零落落,一路向西,经过现在的兴平县①,到马嵬驿,离县城二十里,军队不肯再进了。

龙武大将军陈玄礼奏称:"逆胡安禄山进犯,以诛杨

---

① 根据现有行政区划,已撤县设市,为兴平市。

国忠为名,中外群情,不无嫌怨。陛下为社稷大计,国忠之徒,只可依法从事。"

正在这时,吐蕃王朝的使者二十一人和杨国忠在驿门接谈。

兵士们大喊道:"杨国忠和吐蕃使者谋反了。"

在一阵"杀!杀!"的喧哗之中,杨国忠被杀了。

血流了,一部分的兵士们得到满足,他们撤退了,但是还有一部分没有退,他们还在那里喊杀。玄宗吩咐宫监高力士去打听。

高力士回奏说:"将士们认为杨国忠已死,贵妃还在,因此人情恐惧。"

血是不能遏止的,人们尝到血的滋味以后,还是希望再尝一些,多尝一些。按照当时的具体情况,政治上是失败了,但是对于政治的失败,应当负责的是谁?是玄宗,是杨国忠、李林甫这些丞相,和安禄山、哥舒翰这些大将,总不能把责任推给宫中的贵妃吧。是的,贵妃是骄奢淫逸的。皇宫是骄奢淫逸的市场,就凭着这一点骄奢淫逸博取君王的宠爱。骄奢淫逸是有罪的,这个罪名应当着落在皇帝身上。但是皇帝不能自杀,只得把左右亲幸逐一地外抛,待得大家满意以后,皇帝仍旧是皇帝,只由贵妃把自己的生命,来赎骄奢淫逸的罪过。

杜甫的《哀江头》写出了当时的认识：

少陵野老吞声哭，春日潜行曲江曲。江头宫殿锁千门，细柳新蒲为谁绿？忆昔霓旌下南苑，苑中万物生颜色。昭阳殿里第一人，同辇随君侍君侧。辇前才人带弓箭，白马嚼啮黄金勒，翻身向天仰射云，一笑正坠双飞翼。明眸皓齿今何在？血污游魂归不得，清渭东流剑阁深，去住彼此无消息。人生有情泪沾臆，江草江花岂终极，黄昏胡骑尘满城，欲往城南望城北。

这确实是一首好诗，宋代的苏辙曾把这首诗和《长恨歌》比较，他说：

杜陷贼时，有《哀江头》诗。予爱其词气，若百金战马，注坡蓦涧，如履平地，得诗人之遗法。如白乐天诗词甚工，然拙于纪事，寸步不遗，犹恐失之，所以望老杜之藩垣而不及也。

我们把《哀江头》和《长恨歌》相比，很容易相信苏辙的正确,特别是杜甫是在马嵬兵变消息初到时写出的,而《长恨歌》则是数十年以后的作品,因此一首充满当日的此时此刻的感受,而另一首只是数十年以后的"变文"。情感不同,产生的效果也就不一样。

贵妃已经用她的生命偿还了平生的血债,是不是问题就解决了?没有。现在的问题是这次出京的动向问题。有人主张退向陇右,有人主张退向灵武,也有人主张退向太原,甚至有人主张仍回长安。

"还是去扶风好。"也有人提出这样的意见。

"那就去扶风吧。"玄宗说。

这一支军队已经不像是支队伍了,零零落落,怪话特别多,玄宗也拿不定主意。这时有人主张把太子李亨留下来,考虑怎样打回长安去。太子留下了,但是怪话并没有减少。正好成都发来的一部分春绢到了,恰恰是十万匹。究竟还是玄宗有他那一套解决困难的办法,他把十万匹春绢全部陈列出来,和一般将士们说:"你们都是国家的功臣,为国家流了不少的汗,立了不小的功,对于你们,我不是没有认识的。安禄山这个反叛,忘恩负义,因此我不得不回避一下。这次出京,你们没来得及和父母妻子作别,我也没有在祖宗面前说一声。眼见得要到成都去,路上艰苦,去的人太多了,那里供应也为难。这里十万匹春绢,你们斟酌一下,应当怎样分配。我这一去,自有子孙和太监们在旁照应,你们不用担心了。"

玄宗这一套语言,不枉得他在潞州住过几年,话都说到兵士们的心坎上,不是对于他们的强迫,而是对于他们的体谅,每一个字有一个字的分量。

大家伏地恸哭,他们说:"把命豁出来都得跟皇上入川。"

玄宗说:"那很好,一切都按照你们的意思办。"

问题解决了,玄宗领着一批队伍按部进入四川;太子李亨留下,进入灵武。无形之中,李姓王朝成立了两个中心。在一个组织不够严密的国家,有时多中心比一个中心来得更好一些。南宋初年,在女真王朝把赵姓王朝从临安赶过绍兴以后,宋高宗的策略是一边围着绍兴、温州这一带的海边打转转,一边派兵护送孟太后到赣南,作为万一失败以后,重新建立王朝的基础;一边派张浚到南郑,承制封拜,用皇帝的敕命调兵遣将,牵制敌人的后方,实际是建立第三个中心。多中心在这时也起了作用。

在玄宗和太子李亨分向成都和灵武的当中,杜甫还在长安,他一处也去不了,只在长安蹲着,好在他的妻和

儿女都在鄜州羌村,远是稍微远一点,但是那里很荒僻,估计安禄山一时去不了,他在长安待着,有时也做一些诗:

国破山河在,城春草木深,感时花溅泪,恨别鸟惊心。烽火连三月,家书抵万金,白头搔更短,浑欲不胜簪。

——《春望》

骥子春犹隔,莺歌暖正繁,别离惊节换,聪慧与谁论。涧水空山道,柴门老树村,忆渠愁只睡,炙背俯晴轩。

——《忆幼子》

李亨是在开元二十六年(738)立为太子的,到天宝十五载(756)已经是第十九个年头了,但是专制王朝的皇帝和百姓是不同的,感情也不一样。玄宗不是杀过太子瑛的吗?第二位太子的命运也不能担保比第一位好得多,何况这时是杨贵妃得宠,李亨又不是贵妃亲生的呢?好在贵妃自己没有孩子,因此李亨在这一方面没有顾虑,可是他对于玄宗总是提心吊胆的。现在玄宗要他留下,留下就留下吧!他想回长安去看一看,可是渭水上的便桥不知怎样的现在已经断了,他只得在长安的西边打转。安禄山的军队进入长安以后,他们的人数不多,一时还谈不到向长安以西进行清乡。陈仓县的县令薛景仙率兵收复扶风,由于他的努力,京西得到保障。太子进入平凉,恰巧河西行军司马裴冕路经这里,认为灵武是好地方,力劝太子移驻灵武。这里靠着黄河,后代称为塞上江南,是一个丰衣足食之地,七月初九太子至灵武。裴冕和朔方留后杜鸿渐提出了即位灵武的策略。他们说:"寇逆乱常,毒流函谷,皇上已经进入成都,江山阻险,进奏路绝,唯有请求殿下俯顺众心以安社稷,王者之大孝也。"据历史记载,裴冕的话,是如此的。是不是真实如此,也不一定,因为这是中国历史上的常规。在君臣拥戴的时候,照例是要经过一番推让的。十二日太子李亨即位,这就是肃宗。从初九到十二,仅仅经过三天,要按照史家说法,肃宗曾经逊让过六次,再加上登基称帝的过程,三天的时间是安排不下的。所以实际上只是他看定了玄宗已经逃往成都,要想反攻,取胜是不可能的,因此决定先下手为强,好在大权在握,只要夺回长安,这宝座是不会丢去的。

肃宗既经称帝,玄宗便不是皇帝了,大权已去,要夺回来是不可能的。这件事在肃宗也不算什么错,因为玄宗的天下，就是这样夺来的，玄宗称帝以后，他的父亲睿宗才五十一岁，就提前退休了，在史家歌颂神文圣武的时候，能把这个责备玄宗吗？

　　肃宗称帝的时候，玄宗还不知道这一幕的底细。他在成都以崔圆、房琯为丞相，制定了一套反攻的计划。这套计划有人认为是房琯的。主要是兵分四路：（一）以太子李亨为天下兵马元帅，都统朔方、河东、河北、平卢等节度兵马，收复两京；（二）以永王璘为江陵府都督，统山南东道、黔中、江南西道节度大使；（三）以盛王琦为广陵郡都督，统江南东路、淮南、河南等路节度大使；（四）以丰王珙为武威郡都督，领河西、陇右、安西、北庭等路节度大使。当然这正如后人所说的"纸上谈兵"。按照这个计划，太子李亨负责收复两京和华北一带，其余兵分三路，永王璘领中南，盛王琦领东南，丰王珙领西北。表面上是四路出兵，对安禄山采取了大包围的形势。这就是说安禄山是内线作战，而太子李亨等是外线作战，这个作战计划，由于给养的无法供应，其实是行不通的。从另一方面讲，这个形势即使侥幸成功，也必然造成全国的四分五裂，对于国家的前途也是不利的。

　　八月初一，玄宗正在成都自鸣得意，诏称：

第三章 渔阳鼙鼓动地来

> 朕以薄德，嗣守神器，每乾乾惕厉，勤念生灵，一物失所，无忘罪己。聿来四纪，人亦小康，推心于人，不疑于物，而奸臣凶竖，弃义背恩，割剥黎元，扰乱区夏，皆朕不明之过也。今巡抚巴蜀，训厉师徒，仍令太子诸王蒐兵重镇，诛夷凶丑，以谢昊穹。思与群臣重弘理道，可大赦天下。①

对于人民，皇帝尽管爱说什么就说什么，因为人民没有反驳的权利，所以皇帝不妨自说自话。可是十天以后，灵武的特使赶到成都，这才知道太子李亨已经自称皇帝了。太子称帝，玄宗升任太上皇，其实是免职了。这一杯苦酒，玄宗品尝了四天，最后派遣宰相韦见素、房琯北趋灵武，承认肃宗篡统的现实。在这一点上，玄宗还是明白的。十年以后杜甫作《八哀诗》，在《王思礼》那一篇中，他说：

> ……太子入朔方，至尊狩梁益，胡马缠伊洛，中原气甚逆。肃宗登宝位，塞望势敦迫，

---

① 《旧唐书·玄宗本纪》。

……际会清河公,间道传玉册,天王拜跪毕,说议果冰释。……

这一次的尴尬局面,由于玄宗的头脑清醒,完全解决,问题落到肃宗身上。敌人的兵力从蓟北通过河南,西入京都,东都和长安都在敌人手内,同时敌将史思明、高秀岩、蔡希德的大军正结集在今山西境内,东向可以夺取睢阳,随时进攻淮南、江南广大的区域,南向可以支援洛阳,西向可以横渡黄河,截断长安和西北的交通路线。尽管史家把安禄山描绘成为周转不灵的痴肥,但他还是能够用兵的。

玄宗布置的四路大军呢?肃宗的一路不成问题,盛王琦、丰王珙两路没有出兵也不成问题。可是还有永王璘,这一位弟弟,在肃宗看来比自己小多了,在自己手边长大的,纵有问题,想来也不很大。可是永王璘是实干家,六月奉命,七月至襄阳,九月至江陵,十二月直趋广陵。他是一个比安禄山更危险的大敌。尽管禄山的大军还在长安,肃宗的大军已经和永王璘接触了。怎么办呢?永王璘真想不到亲哥哥是这样的积极!向东去吧,东边是大海,不能做虬髯客海外称王;向北去吧,北方是安禄山的大军,是去不得的。那怎样办呢?他最后的决策是穿过江西南路,横渡大庾岭,在岭南找一个安身立命的地方。大庾岭是穿过了,但是不久以后,他为江西采访使的部下所杀。永王璘是作为对于中央进行叛变而被杀的。他的部下那一位当代最有名的诗人李白连带也遭到流放,所幸没有经过多久,他被释放了。在杜甫的诗集里留下了不少怀念李白的诗篇。

在传记的篇幅中不妨有一些时间的参差,我想记下几首诗:

死别已吞声,生别常恻恻,江南瘴疠地,逐客无消息。故人入我梦,明我长相忆,恐非平生魂,路远不可测。魂来枫林青,魂返关塞黑,君今在罗网,何以有羽翼!落月满屋梁,犹疑照颜色,水深波浪阔,无使蛟龙得。

浮云终日行,游子久不至,三夜频梦君,情亲见君意。告归常局促,苦道来不易,江湖多风波,舟楫恐失坠。出门搔白首,若负平生志,冠盖满京华,斯人独憔悴。孰云网恢恢,将老身反累,千秋万岁名,寂寞身后事。

——《梦李白二首》

这两首诗是乾元二年(759)的作品,那时对于李白的情况,杜甫还不很清楚,只能凭着自己的情感写出李白魂梦的来往,从想象到抒写,我们看到两人之间深厚的友谊。这一年他又有《寄李白十二韵》。在这首诗里,他为李白尽力洗刷,他说:"苏武元还汉,黄公岂事秦?楚筵辞醴日,梁狱上书辰。"他用一连串的汉人故事证明李白并没有帮助永王璘进行叛变。其实这是多余的。在肃宗李亨的目光里,永王璘是叛变,李白也是叛变,但是他绝没有想到他在灵武的称帝,其实正是对玄宗的叛变。封建社会里,皇帝就是法律,反对皇帝就是叛变,在这些地方,我们看到杜甫只是一个书生。由于他不能进行体力劳动,他只得追随当年的皇帝,分一些残羹冷炙,可是封建统治者正因为这一点施舍,要他出卖良心,出卖自己和亲人,这一点实在是辛酸的。杜甫始终没有想通,因此不断地呼号。不过这个问题很快得到解决,宝应元年(762)四月肃宗死了,太子李豫即位,随即为永王璘进行昭雪,宣布李璘不是叛变,当然李白也不算从逆了。

　　肃宗在灵武称帝以后,当时的大事是怎样和安禄山的部下作战,夺回长安。肃宗的策略是结好回纥,进行反击。当时西方的回纥王朝和吐蕃王朝都是大唐帝国的强大成员,但是有一些不同。吐蕃和李姓王朝争夺领导权,从西北到西南,一直和李姓王朝对峙着,特别在西北方面,双方都在不断地死拼死打的当中。不出卖大唐帝国的领导权是无从获得吐蕃的支援的。肃宗下不了这样的决心,因此只能转向回纥。当时的条件是非常苛刻的。肃宗要求回纥支援夺取长安。他自己开出的条件是:克城之日,土地士庶归唐,金帛子女皆归回纥。

这就是说土地和完粮纳税的人民归唐,财帛和青年男女皆归回纥。这是对于人民的出卖。不仅如此,后来肃宗还出卖自己的女儿。肃宗的次女宁国公主,本来已经出嫁过两次,在战事再次紧张中,许嫁给回纥王朝英武可汗。

无论是出嫁过几次,究竟是自己的女儿,肃宗特派自己的堂弟汉中王瑀伴送,自己也送到咸阳磁门驿。皇帝哭了,公主也哭了。

公主流着眼泪说:"国家事重,死且不辞。"在这一点,公主是有一些自我牺牲精神的。

到了回纥,英武可汗着赭黄衣、胡帽,坐在帐中榻上,一边问李瑀:"来者和天子是什么关系?"

"是天子的堂弟。"

英武可汗要汉中王下拜,李瑀不屈服,只是一直站着。

"两国君臣有礼,何得不拜?"

汉中王瑀毅然地说:"唐天子以可汗有功,将亲生的女儿嫁与可汗以结姻好。往常大唐和外蕃结亲,出嫁的公主,都是宗室的子女,号称公主。现在宁国公主,是天子亲生的女儿,有才有貌,不辞万里,嫁与可汗,可汗是唐家天子女婿,应当懂得礼节,哪有坐在榻上接受诏命的道理?"

经过这一番折冲,英武可汗起立接受大唐的诏命。次日册命宁国公主为可敦,这就是说,是回纥的王后了。

推向乾元二年(759),我们就会看到那年回纥的军队在相州大败,一直退到长安,并不是怎样的勇决。也就在这一年英武可汗死了。回纥的贵臣按照回纥的风俗,要求宁国公主殉葬。

公主说:"殉葬的风俗,是大唐没有的。"她还是有骨气,坚决拒绝这种落后的礼节。

贵臣们说:"殉葬不殉葬,各依各的风俗,但是可敦没有子女,那就得仍回长安。"

回长安并不难,因为公主并不愿意留在回纥。可是可汗既然死了,寡居的可敦,总不能安然地回去。贵臣们执行回纥的风俗,在宁国公主的玉容上割了几刀。公主只有带着创伤,号啕地回到长安。那年杜甫有诗一首:

> 闻道花门破,和亲事却非,人怜汉公主,生
> 得渡河归。秋思抛云髻,腰肢剩宝衣,群凶犹
> 索战,回首意多违。

——《即事》

公主回来了,肃宗只有下诏百官到鸣凤门外迎接。宁国公主为了争取回纥的支援,远嫁万里,三年了,现在侥幸回来,总算是一件幸事,但是千千万万的中原妇女受到回纥军队糟蹋的,有几个还能幸存呢!肃宗这次和亲的故事,是历史上又一次耻辱的记载。

肃宗在灵武称帝的时候,他看到必须立即做的工作多呢!争取回纥的支援是大事,同时他还得考虑怎样对付房琯。房琯是丞相,从成都来的,带来了玄宗给肃宗的册命。父亲玄宗接受了历史的教训,自称上皇,不再参预国家的大政,从肃宗看,这是好事;册命到了,自己的地位得到进一步的巩固,这也是好事。但是问题还存在着,房琯来了,怎样对付他?由他参预大政吗?他是父亲那里的人,自己不放心。

房琯素有重名,以天下为己任,加之他是从玄宗那里来的,肃宗能不重视吗?因此国家大事,都得先和房

琯商量。房琯自请率兵作战，收复长安，这才是天大的好事。肃宗立即发兵，以房琯招讨西京，兼防御蒲、潼两关兵马节制使。房琯是一位名士，又是熟读《春秋》的，他决定用车战取胜。兵车是中国的古法，西周后期和春秋时就用，见于《诗经》和《左传》。汉代出兵北征匈奴时也用，见《汉书》。实际上一直到十六世纪也用，见戚继光《纪效新书》。车是用来装载武器和粮草的，夜晚把兵车排开，正好是一道防线。所以用兵车并不是什么太大的错误，问题在于还没有达到用钢铁制造兵车的时候，应该理解怎样使用武力保卫兵车，使它不至受到敌人的烧毁。但是在这方面，房琯却疏忽了，最后终于被安禄山的部队纵火烧车，损失士兵共计四万余人。房琯在陈涛斜和青坂两次都遭到挫败。

大约在这时候，杜甫还在长安，有下面两首诗：

孟冬十郡良家子，血作陈陶泽中水，野旷天清无战声，四万义军同日死。群胡归来血洗箭，仍唱胡歌饮都市，都人回面向北啼，日夜更望官军至。

——《悲陈陶》

第三章 渔阳鼙鼓动地来

我军青坂在东门,天寒饮马太白窟,黄头奚儿日向西,数骑弯弓敢驰突。山雪河冰野萧瑟,青是烽烟白人骨,焉得附书与我军,忍待明年莫仓卒。

——《悲青坂》

杜甫这时大约还没有脱离长安,所以他看到安禄山部下的欢笑,同时也看到人民的悲痛。他提出希望,要军队进行整顿,待到明年重新开向前敌。这一个看法是完全正确的。房琯的失败不是由于使用兵车,而是由于聚集了一群乌合之众,匆匆忙忙地开向前敌,也就慌慌张张地尝到了失败的果实。

肃宗的前线已经开向凤翔了,可是从凤翔到长安还有一大段路,杜甫决定先去凤翔,但是长安城里还有一些朋友,特别是大云寺的赞公和尚。唐代的和尚和后代的和尚有所不同,因为他们继承北魏和隋代的传统,是和政治息息相关的。赞公就是这样的一位。在城中,杜甫经常和他来往,考虑如何出城的办法。在《大云寺赞公房》诗里就有这样的几句:

……艰难世事迫,隐遁佳期后,晤语契深

心,那能总钳口。奉辞还杖策,暂别终回首,泱泱泥污人,听听国多狗。既未免羁绊,时来憩奔走,近公如白雪,执热烦何有!

杜甫是在策划脱离长安,逃奔凤翔,直到至德二载(757)四月,他才完成这一计划。他在诗中说:

> 去年潼关破,妻子隔绝久,今夏草木长,脱身得西走。麻鞋见天子,衣袖露两肘,朝廷愍生还,亲故伤老丑。涕泪受拾遗,流离主恩厚,柴门虽得去,未忍即开口。寄书问三川,不知家在否,比闻同罹祸,杀戮到鸡狗。山中漏茅屋,谁复依户牖,摧颓苍松根,地冷骨未朽。几人全性命,尽室岂相偶,嵚岑猛虎场,郁结回我首。自寄一封书,今已十月后,反畏消息来,寸心亦何有。汉运初中兴,生平老耽酒,沉思欢会处,恐作穷独叟。

——《述怀》

生活是艰苦的,且喜已经离开长安,脱离了叛军的掌握。到凤翔时,脚上是一种用苎麻皮织成的鞋,比草鞋略好一些,比布鞋差多了。"衣袖露两肘",生活确实是很苦。杜甫到后,授官左拾遗,官阶从八品上,官并不大,由于地位是言官,因此比较重要些。

杜甫和房琯是有关系的,他的到达凤翔,授官拾遗,可能是由于房琯的推荐。房琯从成都来,位兼将相,虽然在陈涛斜和青坂,经过了两次的挫折,肃宗对他还是很好。当然这只是表面现象,由于他是从玄宗那里来的,肃宗还得给他一些面子,正等待着另一次暴发。

北海太守贺兰进明来了,他和房琯本来有一些私人的恩怨,因此和肃宗说,无论肃宗怎样厚待房琯,房琯决然不为肃宗所用。

"为什么?"肃宗问。

"房琯在成都,"进明说,"为上皇制置天下,以永王为江南节度,颖王为剑南节度,盛王为淮南节度,以枝庶悉领大藩,太子反居边鄙。虽于上皇似忠,于陛下是不忠。房琯意中,以为只要一人得天下,他即不失恩宠。从这里看,房琯是不会忠于陛下的。"

贺兰进明又罗列了一批人——刘秩、李揖、何忌等,认为是朋比为奸,招纳货贿。房琯还想辩解,冷不防遭到肃宗的呵斥,因此退还私第,不敢关预人事。

杜甫和房琯是布衣之交,上疏申救。肃宗一怒之下,特敕刑部、御史台、大理寺进行推问。情况非常紧张。幸亏宰相张镐申救,肃宗回想一下,事情还不到这样的严重,因此特敕放免三司推问。杜甫有《奉谢口敕放三司推问状》,他对事情的经过,固然诚惶诚恐,但是对于房琯的被诬,还是有所申辩的。他说:

> ……窃见房琯以宰相子,少自树立,晚为醇儒,有大臣体。时论许琯必位至公辅,康济元元。陛下果委以枢密,众望甚允。观琯之深念主忧,义形于色,况画一保泰,其素所蓄积者已。……臣不自度量,叹其功名未垂而志气挫衄,觊望陛下弃细录大,所以冒死称述,何思虑始竟,阙于再三。陛下贷以仁慈,怜其恳到,不书狂狷之过,复解网罗之急,是古之深容直臣,劝勉来者之意。天下幸甚,天下幸甚!……

杜甫这一年的生活是相当艰苦的。长安沦陷时,他在危城仅保残喘,次年四月侥幸来到凤翔,五月以后,为了房琯的事,连带被累,幸亏张镐进言,保全了左拾遗的官职。六月十二日和裴荐等联名,推荐岑参为谏官,看来他所做的工作,仅仅至此而已。八月奉敕放归,这才

第三章 渔阳鼙鼓动地来

想起鄜州三川羌村的家属。他的《北征》一首,是集中有名的长篇。他首先提出他在这年闰八月初出发。他列举自己的理想:

……维时遭艰虞,朝野少暇日,顾惭恩私被,诏许归蓬荜。拜辞诣阙下,怵惕久未出。虽乏谏诤姿,恐君有遗失。君诚中兴主,经纬固密勿,东胡反未已,臣甫愤所切。

接下他叙述了道途的经过,这样的细致、生动、活泼,是旧诗里少见的,也是杜甫集中所少见的:

挥涕恋行在,道途犹恍惚,乾坤含疮痍,忧虞何时毕。靡靡逾阡陌,人烟眇萧瑟,所遇多被伤,呻吟更流血。回首凤翔县,旌旗晚明灭。

最后的两句是写景,同时也是抒情,他写出了肃宗的所在地,同时也叙述了衷心发出的忧虑。"明灭"正指出这个政权的动摇,及其前途的没有把握。下面他说:

前登寒山重,屡得饮马窟,邠郊入地底,泾

水中荡潏。猛虎立我前,苍崖吼时裂,菊垂今秋花,石戴古车辙。青云动高兴,幽事亦可悦。山果多琐细,罗生杂橡栗,或红如丹砂,或黑如点漆。雨露之所濡,甘苦齐结实,缅思桃源内,益叹身世拙。

在这些句子里,他把感情完全融入写景以内。再下就是:

坡陀望鄜畤,岩谷互出没,我行已水滨,我仆犹木末。鸱鸟鸣黄桑,野鼠拱乱穴,夜深经战场,寒月照白骨。潼关百万师,往者散何卒,遂令半秦民,残害为异物。

潼关的失败是纪实,百万的数字是夸张的写法,但是也不一定是虚构,因为在这次争夺战中哥舒翰的军队遭到了屠杀,安禄山的军队也不可能没有伤亡。还有大量的百姓,男妇老幼受到残害的,历史虽然没有记上数字,但是在寒冷的月光中,每一具残骸都向昊天提出它的控诉。在这个情况下,诗人的悲号是远远超过不带感情的记载的。

第三章　渔阳鼙鼓动地来

杜甫还在行进,他到家了,看到妻,看到子女:

况我堕胡尘,及归尽华发,经年至茅屋,妻子衣百结。恸哭松声回,悲泉共幽咽。平生所娇儿,颜色白胜雪,见耶背面啼,垢腻脚不袜。床前两小女,补绽才过膝,海图坼波涛,旧绣移曲折,天吴及紫凤,颠倒在裋褐。老夫情怀恶,呕泄卧数日,那无囊中帛,救汝寒凛栗。粉黛亦解苞,衾裯稍罗列,瘦妻面复光,痴女头自栉。学母无不为,晓妆随手抹,移时施朱铅,狼藉画眉阔。生还对童稚,似欲忘饥渴,问事竞挽须,谁能即嗔喝。翻思在贼愁,甘受杂乱聒,新归且慰意,生理焉得说。

到这里,他就转列举当时的情况了。他说:

至尊尚蒙尘,几日休练卒,仰看天色改,坐觉妖氛豁。阴风西北来,惨澹随回鹘,其王愿助顺,其俗善驰突。送兵五千人,驱马一万匹。此辈少为贵,四方服勇决,所用皆鹰腾,破敌过箭疾。圣心颇虚伫,时议气欲夺,伊洛指掌收,

> 西京不足拔。官军请深入,畜锐伺俱发,此举
> 开青徐,旋瞻略恒碣。昊天积霜露,正气有肃
> 杀,祸转亡胡岁,势成擒胡月,胡命其能久,皇
> 纲未宜绝。……

对于战争的前途,杜甫觉得很有把握,但是战事的好转,不等于大唐的胜利。我们回忆一下肃宗争取回纥支援的条件吧。"克城之日,土地士庶归唐,金帛子女皆归回纥。"这是什么条件,这是对于人民的出卖。不仅如此,李姓王朝对于西北的控制,主要倚靠北庭、安西这两支大军。假如把玉门作个中心,从经济和人口讲,玉门以东是大唐的重心;可是从面积讲,在大唐帝国的范围内,玉门以西占一半土地。为了和安禄山的军队作战,肃宗把北庭和安西的大军完全撤出,从此这两支大军直到唐末称为北庭安西行营,有时也称安西四镇行营,而这大唐的一半土地,从此为吐蕃所占有,当然我们还不能称为卖国,因为吐蕃也是大唐帝国的一部分,但是吐蕃王朝究竟不是李姓王朝,正和普鲁士的弗雷德里克大王(腓特烈大帝)从奥地利的玛利亚特丽萨(玛丽娅·特蕾莎)女皇手里夺去西里西亚一样,西里西亚依然是日耳曼帝国的一部分,不能算是卖国。可是肃宗是相传称

为中兴主的！什么中兴？他出卖了人民，对于李姓王朝来说，他还出卖了半个王朝！

在这首诗里，杜甫也谈到贵妃，可是这和《哀江头》的提法有所不同。在那首诗里，他说"昭阳殿里第一人，同辇随君侍君侧"，又说"明眸皓齿今何在，血污游魂归不得"。"同辇"可能有一些责备的意义，觉得贵妃恃宠放恣，没有做到像班婕妤那样推辞同载，但是这是小节，在玄宗的坚持下，也不一定能拒绝。"明眸皓齿今何在，血污游魂归不得"，这些诗句是对贵妃的同情。这是杜甫在听到贵妃之死以后的第一个想法。

在《北征》里就完全不同了。他把这次安禄山的叛乱归罪到贵妃。诗中说：

……不闻夏殷衰，中自诛褒妲，周汉获再兴，宣光果明哲。桓桓陈将军，仗钺奋忠烈，微尔人尽非，于今国犹活。

在这首诗里，杜甫把这次叛乱完全归罪到贵妃，她是妲己，是褒姒，是她造成了这次大乱；同时他还指出陈玄礼的大功，要求玄宗把贵妃处死，保全了整个的国家。在这里杜甫违反了自己的本心，作出了这种没有根据的结论。中国古代经常提出"诗人忠厚"的概念,在这里我们看不到任何的忠厚。贵妃是一个无知的女子,得到皇帝的爱宠,因此骄奢淫逸,肆意放恣,这是有的;杨国忠和韩国、虢国、秦国三位夫人,凭着兄姊的关系,拉着裙带向上爬,一经获得恩倖以后,同样地依仗权势,气焰熏天,这也是事实,但是这个责任,应当由他们自己负,或是给予他们权势的玄宗负,总不能要由贵妃用自己的鲜血,为这些人净洗他们的罪恶,然而我们的诗人竟是这样做了,这和他在《哀江头》的写作中所流露的思想感情是有所不同的。在一个问题出现的时候,有时必须深思熟虑;有时只有第一个印象是正确的,而深思熟虑反而不免带来了利害得失的权衡,冲击了第一个印象的正确性。在把《哀江头》和《北征》比较以后,我们不能不产生这样的感想。

这首诗"宣光果明哲"一句也不是没有问题的。贵妃是死了,陈玄礼也因她的颈血染红了自己的前途,是不是也给玄宗一些肯定呢?不然。肯定的是厉王以后的宣王,和哀、平两帝以后的光武。这就是对于肃宗皇帝的歌颂了。杜甫是一个小官,做官的总不免要歌颂自己的主子,我们总不能以犯颜强谏的行为,向小臣提出过高的要求。事实上杜甫有时是不免有些庸俗的。

第三章 渔阳鼙鼓动地来/

从凤翔出发,经过一路的跋涉,杜甫到家了。他从上一次离家,到现在还不足两年,但是这不足两年的艰苦的岁月,已经把杜甫摧残得衰老了。他在一首给弟弟的诗中说:"两京三十口,虽在命如丝。"在这个战伐不息的日子里,人命是宝贵的,然而像空中的游丝一样,只要一阵微风吹过,这根游丝就完了。天宝十三载(754)的人口是五千二百八十八万四百八十八,到广德二年(764)只剩得一千六百九十二万三百八十六。十年之中,人口损失了三分之二,这里正说明在最高统治者的争权夺利中,损失的人口将近三千六百万。李华《吊古战场文》说:"生也何恩?杀之何咎?"三千六百万的人民,在这一场统治者的争夺战中作出了最大的牺牲。

杜甫回到羌村了,见到妻,见到子女,真是最大的安慰。他的《羌村三首》虽然篇幅不多,但确确是极好的好诗。录第一首:

> 峥嵘赤云西,日脚下平地,柴门鸟雀噪,归客千里至。妻孥怪我在,惊定还拭泪,世乱遭飘荡,生还偶然遂。邻人满墙头,感叹亦歔欷,夜阑更秉烛,相对如梦寐。

在杜甫回家的当中,肃宗的军队已经向长安靠拢了。安史叛军夺取洛阳以后,急于巩固自己的地位,因此没有用全力向长安以西推进。肃宗孤注一掷,把各路军队向长安靠拢。守的不一定非守不可,攻的拼命要攻,长安的夺回已经是势所必至的事实了。杜甫《收京三首》的最后一首说:

汗马收宫阙,春城铲贼壕,赏应歌杕杜,归及荐樱桃。杂虏横戈数,功臣甲第高,万方频送喜,无乃圣躬劳。

胜利了,长安已经收复,功臣们庆祝战争的捷奏,但是大乱正在蔓延。

第四章　中兴诸将收山东
（759）

长安收复了，但是这只是安禄山军队的挫折，并不是战事快要结束。事实上这一次大动乱还要无边无沿地蔓延下去。这一次的胜利，主要还是由于安禄山的暴死。二月间安禄山为其子庆绪所杀，这是一个挫折。肃宗和郭子仪等这一群将领加强了信心，最后终于收复长安，在杜甫诗里称为"中兴"。

从中国历史看，任何一个封建朝代，事实上都没有中兴过。周宣王是第一个"中兴"的君主，但是在宣王时，北方的猃狁族不断地向南进逼，当时的诗人在《采薇》诗里说起："行道迟迟，载渴载饥，我心伤悲，莫知我哀。"作者心里充满悲哀，一点胜利的意思也没有。诗中所说的"戎车既驾，四牡业业，岂敢定居，一月三捷。""三捷"的"捷"是"𢧵"的假借字，就是说，一月之中，换了三次据点,并没有胜利的意义。

东汉光武帝也称为"中兴",从西汉到王莽,从王莽到东汉,这是改朝换代,没有什么中兴的意义。

唐代以后,宋代的高宗赵构,有时文人也称为"中兴",其实这是向女真人投降,没有什么中兴不中兴。清代的爱新觉罗载淳,有时也称为"中兴",这时帝国主义者在中国已经进行了极大的压迫,清朝的统治者和帝国主义勾结,扼杀了太平天国的革命力量,当然不是什么"中兴"。

所以,中国封建时代的每一个王朝都没有什么"中兴",唐代当然也不例外。

但是杜甫还在那里盼望中兴。在肃宗的军队向长安进逼的当中,他有《喜闻官军已临贼境二十韵》,诗中说起:

> ……元帅归龙种,司空握豹韬,前军苏武节,左将吕虔刀。兵气回飞鸟,威声没巨鳌,戈鋋开雪色,弓矢向秋毫。天步艰方尽,时和运更遭,谁云遗毒螫,已是沃腥臊。……

接下就是《收京三首》,从历史的具体事实看,这只是独夫民贼之间的交斗,并没有任何可喜的形象;可是从杜甫当时看,这里有一个大大的不同。一边是真命天子,一边只是乱世遗孽,在真命天子恢复了他的职位时,这还不值得大大地庆贺一番吗？他在《收京三首》里更充分表达这个意思,但是诗中已经透露了异族的猖狂和将士的骄横。

> 杂虏横戈数,功臣甲第高。

这批"杂虏",杜甫对他们是有所认识的。所以他在《留花门》这首诗里把当时人民对于他们的恐惧,一一在诗中表达出来。

> 北方天骄子,饱肉气勇决,高秋马肥健,挟矢射汉月。自古以为患,诗人厌"薄伐",修德使其来,羁縻固不绝。胡为倾国至,出入暗金阙,中原有驱除,隐忍用此物。公主歌黄鹄,君王指白日。连云屯左辅,百里见积雪,长戟鸟休飞,哀笳晓幽咽。田家最恐惧,麦倒桑枝折。沙苑临清渭,泉香草丰洁,渡河不用船,千骑常撇烈。胡尘逾太行,杂种抵京室,花门既须留,原野转萧瑟。

在这里杜甫正确地指出回纥的东来,主要是由于安庆绪的军队再度穿过了太行山。在这个情况下,肃宗只有指天誓日,把宁国公主出嫁,换取回纥军队的支援。可是回纥的东来,对于人民造成极大的恐怖,田里的麦收,田埂的桑枝,一切都完了,造成最大的恐怖。肃宗用中原的子女玉帛,换取他们的支援,他们是来了,萧条、恐惧充满了中原的原野。

人民的希望寄托在安西四镇的军队,在这里杜甫用最大的热情写这一支李姓王朝的军队。

四镇富精锐,摧锋皆绝伦,还闻献士卒,足以静风尘。老马夜知道,苍鹰饥着人,临危经久战,用急始如神。

奇兵不在众,万马救中原,谈笑无河北,心肝奉至尊。孤云随杀气,飞鸟避辕门,竟日留欢乐,城池未觉喧。

——《观安西兵过赴关中待命二首》

从杜甫诗里,我们可以清楚地认识他对于回纥和四镇兵马的不同看法：一边是"田家最恐惧，麦倒桑枝折"；一边是"竟日留欢乐，城池未觉喧"。但是我们也必须知道四镇军队的东调，完全是由于肃宗放弃西北广大的地区而得来的。

长安久已收复了，肃宗回到西京，皇帝依然做他的皇帝，百官依然做他们的百官，虽然潼关以东的广大地区正待收复，但是西京长安已经收复了，总不能没有个朝廷。杜甫早已从鄜县回来了，这时正陪同贾至、王维、岑参这几位诗人做他的《早朝大明宫》这样的诗：

> 五夜漏声催晓箭，九重春色醉仙桃，旌旗日暖龙蛇动，宫殿风微燕雀高。朝罢香烟携满袖，诗成珠玉在挥毫，欲知世掌丝纶美，池上于今有凤毛。

最后两句捎带上贾至的父亲贾曾，那是在睿宗景云年间，做过中书舍人的，现在贾至又做了起居舍人、知制诰，这确实是世掌丝纶，歌颂得体了。贾至的"剑佩声随玉墀步，衣冠身惹御炉香"；王维的"九天阊阖开宫殿，万国衣冠拜冕旒"；岑参的"花迎剑佩星初落，柳拂旌旗露未干",这几联连同杜甫的"旌旗日暖"二句都是所谓"盛唐之音",是后代诗人所羡慕的。但是这个"盛唐之音"能告诉我们一个什么呢?安禄山的儿子安庆绪还在河南,战事还在进行着;回纥的军队在支援朝廷的名义下,正在搞他们的子女玉帛,连带也在蹂躏中原人民;百姓们在死亡的边缘上,玄宗末年的五千二百八十九万人民大量地死亡,总数先后已经达到三分之二以上;张巡、许远为了保存皇帝的疆土,正在死守睢阳,由于粮食不足,他们开始吃人,所吃的达二三万,史家还给他们赞扬一番,说是人心终不离变,不知道这个"人"字,是不是包括吃人的和被吃的,如若只包括吃人的,那还容易理解,如若也包括被吃的,那就真是历史上的奇迹。一切的一切都在死亡着或在死亡的边缘上。然而盛唐诗照样在做。后人认为明七子的诗模仿盛唐,是假唐诗,是枵响,是肤廓,其实盛唐诗中不是没有枵响和肤廓的。

在这段时期里,杜甫歌颂太平的诗篇是不少的:《宣政殿退朝晚出左掖》《紫宸殿退朝口号》《曲江二首》《曲江对酒》《曲江对雨》《奉陪郑驸马韦曲二曲》。这都是盛唐名篇,但是杜甫是不甘心仅仅做这样的名篇的。《春宿左省》里说:"明朝有封事,数问夜如何。"《晚出左掖》说:"避人焚谏草,骑马欲鸡栖。"《题省中壁》说:"衮职曾无一字补,许身愧比双南金。"《曲江对酒》说:"吏情更觉沧洲远,老大徒伤未拂衣。"从这些句子里,我们看到杜甫之所以为杜甫,确实有他远远高出于"枵响""肤廓"的所在。但是在这方面,必须经过一番精心探讨的工夫。

至德二载(757)杜甫到过凤翔,授官拾遗。这时房琯虽然失败了,官职尚在,他的一班知己:刘秩、严武、杜甫、吴郁都在,朝廷中还有一些正气。但是不久以后,房琯失败了,杜甫也受到排斥,《北征》是一首还家之作,但是在还家之中,潜伏着疏远的意义。西京收复了,杜甫回到长安,做他的左拾遗,事情好像有些好转,但是房琯、严武、吴郁诸人都被相继贬斥,杜甫的好景也相应地缩短了。乾元初(758)杜甫改官华州掾,有诗一首:

> 此道昔归顺,西郊胡正繁,至今残破胆,应有未招魂。近侍归京邑,移官岂至尊,无才日衰老,驻马望千门。
> ——《至德二载,甫自京金光门出,间道归凤翔。乾元初,从左拾遗移华州掾,与亲故别,因出此门。有悲往事》

这首诗说出他在中央任职的结束。脱离了中央,这就说明他已经退出政治中心,此后的生活不再能影响中央政权。这一个决定当然和肃宗对于房琯集团的排斥有关。杜甫说"移官岂至尊",这只是对于自己的慰藉,真正体现他的内心世界的是他的"驻马望千门"。望呀望呀,杜甫望穿了他的双眸,但是他的政治生活已经接近尾声了。

在他的政治生活不断下降的当中,他的创作生活却以突飞猛进的姿态进入了最高的境界——他以前所没有达到的和他数年以后所不能再达到的境界。他曾经深刻地进入政治生活,现在他正深刻地进入群众生活,在这两者的夹缝中,杜甫终于找到了怎样发挥他的创作天才的道路。

让我们仔细读他的创作:

中兴诸将收山东,捷书夜报清昼同,河广传闻一苇过,胡危命在破竹中。祗残邺城不日得,独任朔方无限功。京师皆骑汗血马,回纥餧肉蒲萄宫,已喜皇恩清海岱,常思仙仗过崆峒。三年笛里关山月,万国兵前草木风。成王功大心转小,郭相谋深古来少,司徒清鉴悬明镜,尚书气与秋天杳。二三豪俊为时出,整顿

第四章 中兴诸将收山东

乾坤济时了,东走无复忆鲈鱼,南飞觉有安巢鸟。青春复随冠冕入,紫禁正耐烟花绕,鹤驾通宵凤辇备,鸡鸣问寝龙楼晓。攀龙附凤势莫当,天下尽化为侯王,汝等岂知蒙帝力,时来不得夸身强。关中既留萧丞相,幕下复用张子房,张公一生江海客,身长九尺须眉苍,征起适遇风云会,扶颠始知筹策良,青袍白马更何有,后汉今周喜再昌。寸地尺天皆入贡,奇祥异瑞争来送,不知何国致白环,复道诸山得银瓮。隐士休歌紫芝曲,词人解撰河清颂,田家望望惜雨干,布谷处处催春种。淇上健儿归莫懒,城南思妇愁多梦,安得壮士挽天河,净洗甲兵长不用。

——《洗兵马》

这首诗诸家认为是乾元二年春后作的。在这一年,唐王朝的军队对于安庆绪进行了一次有名的战役。唐王朝集中郭子仪、李光弼、王思礼等九位节度使步骑二十万进行围攻。安庆绪在邺城死守,形势已经很危急了。但是二十万大军没有一位统帅,肃宗特命内监鱼朝恩为观军容使,他是统帅,然而又不是统帅,二十万大军没有一个统一的指挥。这时和安禄山同时起兵的史思明正在河北自称燕王，安庆绪向史思明请救，史思明统帅大军南下，一举把九节度之兵全部击溃，郭子仪从邺城大败，退守洛阳，一边破坏河阳大桥，以防燕兵南下。特别是回纥的军队，他们也参加邺城的攻围战，可是在史思明的压迫下，他们从邺城一直退到长安的周围。他们为援救李姓王朝而来，以长距离的退却而结束。这首诗是在这次攻城败溃的前夕写成的，因此杜甫把他复杂的思想情绪全部在这里写出来。

"只残"二句指出当时的邺城是不难攻下的，所难的在于号令不一，因此指出要"独任"，特别提出朔方节度使郭子仪。在这一点上杜甫是有独到见地的。

"京师"四句指出在和安禄山、庆绪父子作战中，肃宗过分地信赖回纥，其结果是撤退北庭、安西两路大军，以致西北的大片土地，完全陷入吐蕃的怀抱。因此他提出在邺城攻克以后，移兵西北，所以他说"常思仙仗过崆峒"。旧时注家以为崆峒山是肃宗自灵武进军凤翔收复长安的必由之路，这是对的。自灵武至凤翔，必须经过崆峒，但是在邺城势在垂克的年代里，并没有常思崆峒的必要。崆峒在今甘肃省，为由长安进军河西走廊，收复西北广大区域的必经之地，在这里杜甫希望在收复山东河北以后回军西北，收复失地，所以最后说"安得"二句。杜甫不是战略的专家，但是他对于西北广大区域的丧失是痛心的，因此必然地希望早日收回，最后终于洗兵不用。

"成王"八句提出当时中枢和诸将的大功。成王即后来的代宗，乾元元年三月由广平王进封成王，四月立为皇太子；郭相即郭子仪，时进拜中书令，故称郭相；司徒即李光弼，先加检校司徒；尚书即王思礼，时迁兵部尚书。郭、李、王是当时三位大将。上面列举四人，为什么下面只说是二三豪俊呢？这当然是因为郭、李、王诸人是将帅而成王则是太子，所以要分出一个等次来。

但是全篇精神贯注的所在是"鹤驾"二句，这里把玄宗、肃宗的关系从侧面透出来。在封建社会里，这是画龙点睛的所在。杨伦《杜诗镜铨》指出："鹤驾通宵，备凤辇以迎上皇；鸡鸣报晓，趋龙楼以伸问寝也。"事实上玄宗远在成都，肃宗在灵武自立，实在不是玄宗的本意，无可奈何，只有承认既成的事实。长安收复以后，玄宗甚至提出愿在成都终老。从肃宗方面讲，这是不能容许的一种割据形式，因此千方百计，务请玄宗还京。他的理由是玄宗一到，自己方能尽人子孝养之道。在无可奈何的情况下，十二月玄宗回来了，肃宗至咸阳望贤驿亲迎，拜谒楼下,呜咽流涕,不能自胜。第二天他们回到长安,京城士庶夹道欢呼。一切都做得尽情尽礼。这都是至德二载(757)的事。玄宗入京以后,居兴庆宫。两年以后,情况便不同了,玄宗再从兴庆宫移居西内,他的左右陈玄礼、高力士也相继贬斥,实际上这一位太上皇是禁闭起来了。移居之前,肃宗的亲信内监李辅国密陈上皇居兴庆宫有异谋,不利于皇上,这就决定移居的手续。李辅国气势汹汹,玄宗老了,无可奈何,所幸高力士还有一些声势,他说:"李辅国不得无礼。"玄宗才算太太平平到西内禁闭起来,他和高力士说:"要是没有高将军,阿瞒(玄宗)不免为兵死鬼。""兵死鬼"是免了,实际上丧失了行动自由。不久,高力士流窜巫州。玄宗的妹妹玉真公主常时去看玄宗的,这时也不容往来了。倘使我们把这段历史记载推向前看,宝应元年(762)四月初五日玄宗死在西内,十八日肃宗也死。两人的死亡先后不足半个月,在历史上留下了疑窦。唐人小说甚至说是李辅国派人暗杀玄宗,小说的记载固然不可遽信,但是玄宗和肃宗的父子关系不够完善,从玄宗迁居西内以后的长年茹素和左右亲信的铲除净尽这一系列事实中,是可以想见的。

读古书的时候,我们应当认识到一切人事关系都和人的地位有关。在封建社会里,所谓伦常的道理,封建主和一般人民是不一样的。一般人民之中,父子的关系,虽然有时也有矛盾,但是这种矛盾,按照逻辑学的说法,不是完全对立的;但是在封建统治者之间,这种矛盾竟是完全对立的,对立到成为生死的矛盾。《左传·襄公二十六年》记内师伊戾制造宋平公世子痤私自和楚客盟誓的假现场,然后报告平公说世子将为乱,平公说:"既是我的儿子,那还要怎样呢?"伊戾说:"要快些。"历史上许多封建主父子之间的仇杀,主要就是为的这一句:"要快些。"安庆绪杀安禄山,其实只是为的"要快些"。从另一方面讲,封建君主对于太子也惟恐他"要快些",因此封建君主杀太子的事特别多。我们把唐代的历史从头数过来,这样的例子更多,更残酷。事实上是如此了,但是形式上总要把这个不可调和的矛盾掩盖起来。历史是历史,应当是客观的;然而史书是人写的,总带有一定主观性,因此历史书也不尽可信。我们要读历史,但是"尽信书不如无书",过分地相信以墨写的谎言,远远不如相信以血写的事实。

钱谦益《读杜二笺》说及:"肃宗之事上皇,视汉宣帝之于昌邑,其心内忌,不啻过之。幽居西内,辟谷成疾,与主父之探雀彀何异?移仗之日,玄宗呼力士曰:'微将军,阿瞒几为兵死鬼矣。'论至于此,当与商臣、隋广,同服上刑,许世子止岂足道哉!"钱谦益在历史上是有问题的,但是《读杜二笺》(见《初学集》),其时明思宗尚在,因此我们不能因为他后来曾为贰臣,对他未降清以前的著作一概抹杀。王嗣奭《杜臆》则谓"上皇初还,帝备法驾迎之,释黄袍趋拜,欲仍为太子。此时事往矣而犹曰'鹤驾通宵','问寝龙楼',必谓既复位之后尽人子之礼,与太子时无异也。"王嗣奭可能太老实了,因此被肃宗瞒过,把舞台上的表演,作为具体的事实,这正是肃宗所希望的。杨伦则说"言鹤驾通宵,备凤辇以迎上皇;鸡鸣报晓,趋龙庭以伸问寝也。青春重整朝仪,人主复修子道,皆将见之寇尽之余,语亦以颂寓规,盖移仗事虽在后而是时张、李用事,当有已先见其端者,与《收京》诗'文思忆帝尧'同旨,正见公忠爱切挚处,深文固非,即泛说亦非也。"杨伦的提法,很像是调和论,但不是这样的。清代后期,钱谦益的言论,在最高统治者的排斥下,已经失去一般人的信任,杨伦正指明钱谦益的某些主张还是有可取的。我们把唐代的史实和谦益的言论,加以核对,我们不能否定谦益的看法。但是,从另一方面看,玄宗对于父子之间的关系,也不是无可指摘的,他对于太子李瑛等三人的赐死,正见到最高统治者的行为准则,是

第四章　中兴诸将收山东

不同于一般人的。

"关中"八句指当时的宰相。"张公"当然是张镐了，"萧相"指谁？注家多认为是指房琯，看来也只能这样说。房、张两人之间，以张镐为重点，这里看到杜甫对于二人的看法，是泾渭分明的。房琯和杜甫的关系较深，但是志大才疏，以致造成陈涛斜和青坂的两次失败，因此杜甫不得不侧重张镐。"青袍白马"指安禄山父子的失败，"周汉再昌"指唐室的复兴，杜甫的喜悦，是情见于辞的。

整个的看来，这是杜甫集中的一篇重要作品。邺城的攻围，安庆绪的穷困，都给杜甫以一个乐观的根据。但是一切过分乐观的估计都会遭到挫折的。鱼朝恩的观军容使固然不是一个大将的材料，郭子仪等九位节度使不能统一指挥，反而造成互相牵制的局面。城中的安庆绪虽是必死之寇，而北方南下的史思明却是坚强的生力军，其结果造成邺城的大败。

邺下的大溃退，产生从邺城到潼关的大恐怖。东西千里之间，一刹那成为死亡的魔窟。回纥的骑兵不顾一切地逃跑了，还把恐慌一直带到长安。荆襄一带又发生了叛乱。大局重新出现了不可收拾的形势。还好，郭子仪退保洛阳，河阳桥一断，多少截断了北来的敌军。

这时是乾元二年(759),杜甫曾因事到潼关、新安、陕县、洛阳一带。他这华州司功,本来只是一个闲曹,何况在这个民生凋敝,兵荒马乱的当中,更不值得有什么留恋,所以他决心去洛阳看一下,认识这个时代的面目。

杜甫出身于官吏的家庭,虽然只是州县官,但到底还是官,在太平的日子里,官是可以靠剥削生活的。现在不同了。中央的大官、前敌的大官当然还可以生活得好一些,至于州县官,尤其是那州官的佐贰官,差不多都在饥饿线上挣扎,人民已经只剩得不足三分之一了,哪还有什么可以剥削的,因此官吏也都在半怠工的情况下挣扎。杜甫的这一次东都之行,多分是到洛阳、巩县看看那祖传的遗产,是否还有一些有价值的破烂。生活确实是艰苦了,但是艰苦的生活,缩短了杜甫和人民之间的距离。在肃宗初回长安的时候,他不是做过一些"落花游丝白日静,鸣鸠乳燕青春深"的诗句吗?有人会欣赏这些盛唐诗句,然而盛在哪里呢?每个字里都透露了剥削阶级的闲情逸致。现在不同了,完全不同了,杜甫的生活已经差不多和血泪斑斑的人民等同了。诗歌是来源于生活的,有什么样的生活,便会产生什么样的诗歌。这一时期杜甫留下的《新安吏》《潼关吏》《石壕吏》《新婚别》《垂老别》《无家别》这些诗,完全是人民的诗,是人民在艰难困苦之中求生不得、求死未忍的诗,每个字都是以血泪写下的。杜甫这时确确实实是人民的诗人,而他的诗句也确确实实写下了八世纪中国人民的苦难。

这里录下《新安吏》:

客行新安道,喧呼闻点兵。借问新安吏:"县小更无丁!""府帖昨夜下,次选中男行。""中男绝短小,何以守王城!"肥男有母送,瘦男独伶俜,白水暮东流,青山犹哭声。"莫自使眼枯,收汝泪纵横,眼枯即见骨,天地终无情。我军取相州,日夕望其平,岂意贼难料,归军星散营。就粮近故垒,练卒依旧京,掘壕不到水,牧马役亦轻。况乃王师顺,抚养甚分明,送行勿泣血,仆射如父兄。"

这首诗和前后《出塞》是有极大的不同的。在《出塞》里,唐室还在兴盛的当中,出征是艰苦的,但是生活还没有到艰苦的极处。现在远远不同了,经过多年的苦战,人民之中已经没有壮丁了。是不是可以免役呢?不行!壮丁没有,中男还是有的,这样就把二十左右,甚至不足二十的青年抓去当兵。中男还很矮小呢，怎样上前线呢？这一点拉壮丁的吏卒是不管的。"肥男""瘦男"不是生活的差异，只是代称的不同，有的有送行的母亲，有的连送行的母亲也没有。痛哭，不断地痛哭！诗人只得从旁说一声："不要哭了，即使眼睛哭瞎了，天地是没有感情的。""天地"这里指的是最高统治者。杜甫是官，官应当是拥护统治者的，然而杜甫还是人，人的感情，并没有因为官的身份而终于泯灭，因此他不得不指名最高统治者，痛斥他的没有感情。杜甫的教养使他不能不对于最高统治者寄予一丝一毫的希望，然而杜甫的生活经验，连这一丝一毫的希望也扑灭了。

《潼关吏》《石壕吏》这两篇都是诗歌艺术的最高表现，丝毫也不逊于《新安吏》。《潼关吏》写的潼关的防御工事。邺城溃败以后，肃宗的大将郭子仪、李光弼还在作顽强的挣扎，但是史思明在杀去安庆绪以后，正在统一东北的将士，以远比安禄山更坚强的指挥才能卷土重来，过了黄河，逼近东京，前锋直指潼关。李姓王朝的将士正在修筑潼关的工事，这里不是一道简单的关隘，而是复杂的堡垒群。真个是"大城铁不如，小城万丈余"。关吏和杜甫说："连云列战格，飞鸟不能逾，胡来但自守，岂复忧西都。丈人视要处，窄狭容单车，艰难奋长戟，千古用一夫。"是的，险要确实是险要，但是一千多年以前的杜甫，也窥见了军事的秘密，在战争中决定胜负的是人而不是物。他从什么地方学到这一点秘诀呢？他从哥舒翰的失败中学到的。这只是四年以前的事，潼关还是潼关，但是哥舒翰的大军出关以后，为安禄山所乘，终于一败涂地，军士多半化为黄河中的鱼鳖，连他本人也成为安禄山的俘虏。杜甫只是对关吏说："哀哉桃林战，百万化为鱼，请嘱防关将，慎勿学哥舒。"

《石壕吏》写的是陕县石壕的老夫妇。他们的三个儿子被征出境，直到邺城，远不能说很远，但是由于指挥系统的混乱，三个之中死去了两个，一个还在军队里。现在前敌还要人，老翁跳墙走了，只剩得老婆婆。拉夫的吏卒真凶，跳呀骂呀闹了一晚，老婆婆只是哭。这样骂的骂了一夜，哭的哭了一夜。投宿的杜甫也辗转了一夜。最后还是由老婆婆提出，她说：孩子们死的死了，在军队里的还在军队里，只能由老婆婆出来，到河阳大营里当一名炊事兵，为国家献出自己的忠心。天明以后拉夫的吏卒带着老婆婆去了，老翁也从墙外回来，杜甫和老翁作别，写下这一篇有名的诗歌。我们还记得那时统率河阳大军的是郭子仪，这就说明了在这个黑暗的时代里，即使在皇帝的大军里，在有名的大将直接指挥下，还出现了这样的惨事。其他更不必说了。

"三别"是《新婚别》《垂老别》《无家别》三篇。这里录《垂老别》一篇：

> 四郊未宁静，垂老不得安，子孙阵亡尽，焉用身独完！投杖出门去，同行为辛酸，幸有牙齿存，所悲骨髓干，男儿既介胄，长揖别上官。老妻卧路啼，岁暮衣裳单，孰知是死别，且复伤其寒，此去必不归，还闻劝加餐。土门壁甚坚，杏园度亦难，势异邺城下，纵死时犹宽。人生有离合，岂择衰盛端。忆昔少壮日，迟回竟长叹。万国尽征戍，烽火被冈峦，积尸草木腥，流血川原丹。何乡为乐土，安敢尚盘桓，弃绝蓬室居，塌然摧肺肝。

邺城大败以后，李姓王朝还要挣扎。当然，皇帝是不会亲临前敌的，因此他要拉夫，壮年要，青年也要。在青壮年已经拉遍以后，老翁也要，老婆婆也要。这一家的青壮年全部拉去，献给吃人的魔神了。这时老婆婆只是躺在地下哭，带着寒战在那里哭。老翁呢，还好，扔掉走路的拐棍，着上军装，他毅然地出去了。是不是他比

《石壕吏》中的老翁强一些呢？不见得。《石壕吏》中的老翁对于人生还有所留恋，至少觉得还有些什么值得留恋，因此作出努力，翻过了墙头，找寻一线的生路。《垂老别》中的老翁对于生活没有任何留恋了。他认定拄着拐棍的老翁还要抓去当兵，人生已经走到尽头了，更没有希望，没有留恋，子孙全部完了，躺在路旁的老婆婆早迟也是完，一切都是完，包括已经完了的子孙和正在完的过程中的自己和老婆婆。那还留恋什么，有什么值得为之挣扎的？"投杖出门去"，正是绝望的悲哀，死的悲哀。皇帝，不问他姓李、姓安，或是姓史；将军不问他姓郭、姓李，或是周贽、张通儒，都是吃人肉大餐的，这里他只是一投，不是投杖而是投身。一切都完了，他看清楚这一点，因此他不顾一切地走了。

《新婚别》写的在新婚的次晨，新郎被捉去了。他写："君行虽不远，守边赴河阳。"实际上道路是不远，无论是洛阳，是陕县，甚至是潼关，河阳，不过是百里内外，但是这百里内外是生和死的分界，留一步是生，走一步是死，所以她说："君今往死地，沉痛迫中肠。"是不是她也可以同去呢？军中不是也有妇女吗？"战士军前半死生，美人帐下犹歌舞！"但那是将帅们的事，除了临阵虏掠以外，兵士是不容许带同妇女的。李陵不曾有过这样的故事吗？在他战败以后，准备第二天重新作战的时候，鼓声总是响不起来，李陵说："士兵们还不是太丧气，但是鼓声老是不振作，莫非军中有了妇女！"他吩咐搜索，凡是搜到的妇女全部都杀了，这才作出第二天作战的方案。封建社会对于妇女的看法本来是各式各样的。随军既然办不通，新娘的决心是下定了："自嗟贫家女，久致罗襦裳，罗襦不复施，对君洗红妆。仰视百鸟飞，大小必双翔，人事多错忤，与君永相望。"可能杜甫自己也不曾意识到，他把中国妇女那坚贞不屈的形象，用金光闪闪的字样描塑在这一千二百年以来的历史长篇里。

最诧异的是《无家别》这一首。别总得有个对象，但是这时对象抽去了。没有父母，没有妻，也没有子女。逃亡的逃亡了，饿死的饿死了，被逼得投河上吊的投河或是上吊了，只剩得自己一个单身汉，要道别向谁道别呢？这正是："我里百余家，世乱各东西，存者无消息，死者为尘泥。"单身汉回家了，"久行见空巷，日瘦气惨凄，但对狐与狸，竖毛怒我啼"。在这艰苦的日子里，县官可以高抬贵手吧！然而不然，阎王不嫌鬼瘦，放松了任何一个可以捉弄的人，那还是什么县官呢？统治阶级的心是钢铁铸成的，比毒蛇还毒，比豺狼还狠。不能造反的只有听凭他们去捉弄。杜甫为这位无家可别的老百姓说:"县吏知我至,召号习鼓鞞,虽从本州役,内顾无所携,近行止一身,远去终转迷,家乡既荡尽,远近理亦齐。"去吧,这苦难重重的人民,去吧!诗人最后说:"人生无家别,何以为蒸黎!"在没有父母,没有妻,没有子女可别的时候,人没有家,也不能算是人。

乾元二年(759),杜甫的诗已经发展到最高的境界。没有政治的大变革,不可能把诗再推进一步,然而杜甫是注定与政治大变革无关的。他在《进雕赋表》里说起:"自先君恕、预以降,奉儒守官,未坠素业矣。"十四世以来,他背上了"奉儒守官"的包袱,是不可能和政治变革发生任何联系的。官本来是最高统治者的爪牙,为统治者服务而自己也参加统治阶级的统治。儒是统治阶级的理论家,他的一切思想行动都是为统治阶级的最高利益服务的。所以奉儒守官的人不可能成为人民的诗人而他的作品也不可能成为人民的诗。但是这里有例外。在他的利害和人民的利害一致的时候,他的诗成为人民的诗,他也是人民的诗人。乾元二年的杜甫就是这样的一个范例。是不是可以说他是人民的诗人呢?也是,也不是。乾元二年杜甫是人民的诗人,因为这一年他的利害和人民的利害一致。在其他的年代里最多他可以称为同情于人民的诗人,但是还不能说他是人民的诗人。

"堂前扑枣任西邻,无食无儿一妇人,不为困穷宁有此,只缘恐惧转须亲。"同情确实是同情了,但是杜甫和这位扑枣的妇人之间还有一条界限,他同情这妇人,但是他的感情和这位妇人的感情不一样,所以这首诗反映出来的杜甫,还不能算是人民的诗人。为什么乾元二年(759)的杜甫已经是人民的诗人了,后来反而不是呢?这很简单,水经过不断的加热到达一百度的时候是沸水,但是沸水不是不可能冷却的。即使我们在高原也可以看到没有达到一百度的沸水,但是水的冷却还是到处可以看到的。

乾元二年是一座大关,在这年以前杜甫的诗还没有超过唐代其他的诗人;在这年以后,唐代的诗人便很少有超过杜甫的了。一切都应当辩证地看问题。"变化不居,周游六虚。"把杜甫看死了,也正和把其他的诗人看死了一样,都是违反辩证法的,因此也都是错误的。

即使是在乾元二年,我们也必须记清这是一千二百年以前的时代,没有生产的大变革,没有新生的阶级,因此也不可能产生新时代思想的温床。所以把一千二百年后应当达到、可能达到、但是未必完全达到的高度,对杜甫提出要求,这完全是错误的、幻想的、不切合实际的。

第五章　无食问乐土，
　　　　　无衣思南州
（759）

　　杜甫东都之行的目的是什么？我们不知道，可能是去收拾一些破烂。破烂没有收到，但是却从亲身体会和耳闻目见得到一大批诗料，迅即把他的作品提高到一个前所未有的地位。杜甫是全国第一流的诗人了，但是他自己还不清楚，后来的不少批评家也不清楚。

　　全国正在进行一个大转变，这个转变是从坏转到更坏，从不易生活转变为不能生活。这一切都在杜甫的眼中看到了，正如《垂老别》所说的：

　　　　何乡为乐土，安敢尚盘桓。

　　史思明的大军从开封向西急进。在这次战争中，李姓王朝的大将是李光弼。李光弼和史思明恰好是一对，真是将遇良材，但是有一个分别，光弼的作战是无后方作战。李姓王朝的中心是长安，在太平日子里，供给线主要是从东方通过开封、洛阳而来，现在开封已经陷落了，洛阳也正紧张，不久即将陷落，所以这一条供给线是切断了。还有一条是从襄阳来的，当然，这一段路交通困难，供应也不方便，不过总还是一条供给线。但是乾元二年(759)八月襄州将康楚元据州独立，自称南楚霸王，九月他的大将张嘉延袭破荆州，澧、朗、郢、峡、归诸州官吏全部逃窜山谷，这是说从襄阳到湘西，全部脱离中央，这一条供给线和洛阳的供给线也断了。虽然不久以后康楚元败溃了，但是供给线曾经全部中断是事实。这就必然要影响到军队的作战力，同时更加深了开封、洛阳这一带人民的痛苦。

是不是长安附近比较好一些呢？不见得。大唐帝国的广大西北部本来是回纥、吐蕃、党项、吐谷浑这些部落的滋生地带。回纥的军队是在李姓王朝的调动下出兵作战了，他们的纪律在胜利中本来不够好，在失败中那就更坏了，但是李姓王朝对于他们还是加倍地优容。吐蕃就完全不同了。虽然吐蕃对于大唐皇帝始终自称外甥，始终没有夺到帝座，但是这位外甥始终是在准备

第五章 无食问乐土,无衣思南州

夺取母舅的家产。党项、吐谷浑是吐蕃的爪牙,更时刻准备接受吐蕃的指挥,对李姓王朝进行掠夺。玉关以西、北庭、安西的广大地区久被吐蕃占领了,现在吐蕃的目标已经转移到凤翔,甚至长安的附近。

战争是在蔓延了,李姓王朝是不是还保得住,谁也没有把握。就在这个情况下,史思明进入东京。李姓王朝的几位大将,郭子仪在长安的周围和吐蕃以及吐蕃部下的党项、吐谷浑打游击战。王思礼保住山西,李光弼和史思明的大军在洛阳、河阳、怀县、开封一带苦战。特别是河南的军队打得辛苦,李光弼的部下,也有不少转向史思明。他们认为战争没有把握,于是叛变了。事实上李光弼也没有决胜的把握,他有的只是决死的把握。在光弼死守河阳的当中,史思明派军队出击,光弼一边派军队反击,一边和他们说清,在进击的当中要看清光弼手中的红旗。他说:"在红旗不动的时候,你们自己可以作出决定,择利而进;在红旗挥动,向下三次的时候,必须万众一心,拼死出击,违令者斩。"他又手持短刀,纳入靴中说:"我是国家大臣,万一战事不利,诸将在前方战死,我也举刀自杀,决不使你们独死。"在这一次决死的战争中,他击败了敌将周挚,但是史思明还在洛阳的周围和光弼战斗。

将士的艰苦已经至此,一般士人的艰苦就不用说了。杜甫这时留下了《佳人》这一首诗:

绝代有佳人,幽居在空谷,自云良家子,零落依草木。关中昔丧败,兄弟遭杀戮,官高何足论,不得收骨肉。世情恶衰歇,万事随转烛,夫婿轻薄儿,新人美如玉。合昏尚知时,鸳鸯不独宿,但见新人笑,那闻旧人哭。在山泉水清,出山泉水浊,侍婢卖珠回,牵萝补茅屋。摘花不插发,采柏动盈掬,天寒翠袖薄,日暮倚修竹。

这是一首好诗,但讲什么呢?仇兆鳌《杜诗详注》说:"天宝乱后,当是实有是人,故形容曲尽其情。旧谓托弃妇以比逐臣,伤新进猖狂,老成凋谢而作。恐悬空撰意,不能淋漓恺至如此。"旧说是揣摩,仇兆鳌说是实写。杨伦调解说:"此因所见有感,亦带自寓意。"这是一种调和论,也可以看到他对于仇兆鳌的理论是不能十分满意的。

这是一位旧社会贵妇女的形象,是唐以前的而不是宋以后的,因此她是落落大方而不是举止拘束的。但是

第五章 无食问乐土,无衣思南州/

也有一些矛盾。为什么牵萝补屋的人家还能有卖珠侍婢呢?为什么空谷幽居的佳人会对一位邂逅相逢的过客诉说夫婿轻薄,中菁琐碎呢?这里透露出尽管杜甫是在有意塑造一位贵妇女的形象,而无意之中却把自己的一腔哀怨尽情吐露出来。在山水清、出山水浊,这又是什么呢?是不是杜甫的塑像还充满着不少的矛盾,而在塑造的过程中又把自己的形象也塞进去呢?所以说是"实有是人",正看到仇兆鳌的认识,完全被杜甫的诗句瞒过了。

生活是艰苦的,生存也受到威胁。在史思明进入东都以后,幸亏李光弼的大军在河阳一带牵制着。这一着万一失手,史思明可以踏破陕虢,进迫潼关。是不是当真"连云列战格,飞鸟不能逾"呢?不一定。二十世纪前半期的人应当饱听什么马奇诺防线了,究竟起了什么作用?杜甫也很清楚,所以他说:"请嘱防关将,慎勿学哥舒。"万一潼关失守,华州是无法防御的,谁不知道党项、吐谷浑这些吐蕃的前驱正在徘徊观望,跃跃欲试呢?

杜甫对于围城的生活是有所认识的,何况大乱之中的佐贰官更是一饱不易呢?因此他决定挂冠出走。走向哪里去呢?向东是中原大战的战场,当然去不得。向南是襄阳的大道,也不够安全。向北的危险不多,但是正是回纥出兵来往的大道,"田家正恐惧,麦倒桑枝折",也不够妥当。只有向西,绕过长安,穿过陇坂,再行走向川中。杜甫当然会想到他的一些朋友,房琯贬邠州刺史,刘秩贬阆州刺史,严武贬巴州刺史,一路都有熟人,总不至于亏待了自己。虽然这一路也不太平,但是即使在兵荒马乱的当中,总还有空隙,只要一经穿过,就可以进入川中,投亲靠友。杜甫这一次离开华州,是经过考虑的,要是当时的情况不是那样的艰苦,他也不至于走这一条无可奈何的道路。

杜甫从长安出发,首先经过秦州,有《秦州杂诗二十首》。这是一组纪行诗,也抒写了他的情感。录四首:

满目悲生事,因人作远游,迟回度陇怯,浩荡及关愁。水落鱼龙夜,山空鸟鼠秋,西征问烽火,心折此淹留。

鼓角缘边郡,川原欲夜时,秋听殷地发,风散入云悲。抱叶寒蝉静,归山独鸟迟,万方声一概,吾道竟何之。

城上胡笳奏,山边汉节归,防河赴沧海,奉

第五章 无食问乐土,无衣思南州

诏发金微。士苦形骸黑,林疏鸟兽稀,那堪往来戍,恨解邺城围。

地僻秋将尽,山高客未归,塞云多断续,边日少光辉。警急烽常报,传闻檄屡飞,西戎外甥国,何得迕天威。

在这些诗里,我们都看到当年的时代。"防河赴沧海,奉诏发金微。"金微是当时的羁縻府,属北庭都护府,把西北的边防军调到沧海作战,这就指明了肃宗放弃西北,争取关东的失策。邺城的溃败是这次安史之战中的关键。杜甫说是"解围",这是一种宛转的说法。后面一首指吐蕃。在大唐帝国的范围内,吐蕃是经常反复的。吐蕃对李姓王朝,称为"皇帝舅",自称"外甥",两个王朝的关系很清楚,但是对于李姓王朝经常进行骚扰的也是吐蕃。杜甫这首诗是对于吐蕃的呵责,同时也抒写了内心的愤慨。

在秦州杜甫又一次遇到了赞公,可能他这一次的取道秦州,主要是为了和这位和尚见面。赞公是方外人了,但是在唐代,正和以前许多朝代一样,和尚经常是以方外的身份参加方内的政治的。赞公和杜甫都是站在房琯一边的,可能他牵涉得更深一些。因此房琯失败以后,杜甫虽然改官华州,还在长安附近,赞公却一直贬到秦州西枝村。杜甫到西枝村,看到赞公,他正在考虑是不是在西枝村住下来,有《西枝村寻置草堂地夜宿赞公土室二首》,土室当然就是窑洞了。这正看到赞公的生活并不是优裕的。诗中说起:"大师京国旧,德业天机秉,从来支许游,兴趣江湖迥。数奇谪关塞,道广存箕颖,何如戎马间,复接尘事屏。幽寻岂一路,远色有诸岭,晨光稍曚昽,更越西南顶。"

这首诗证实了赞公的到达秦州西枝村,完全是由于贬谪。在史思明的军队随时可以攻击潼关,吐蕃的部落不断抄掠长安远郊的当中,肃宗对于房琯、房琯的友好,甚至方外之人,并没有一刻放松排斥的意图,这是一个证明。

杜甫在西枝村逗留一些时候,但是究竟住不下,他再找到栗亭,他想这里可以住下了,有《寄赞上人》一首:

一昨陪锡杖,卜邻南山幽。年侵腰脚衰,未便阴崖秋。重冈北面起,竟日阳光留,茅屋买兼土,斯焉心所求。近闻西枝西,有谷杉漆稠,亭午颇和暖,石田又足收。当期塞雨干,宿

第五章 无食问乐土,无衣思南州

昔齿疾瘳,徘徊虎穴上,面势龙泓头。柴荆具茶茗,径路通林丘,与子成二老,来往亦风流。

是不是可以从此住下呢?不一定。赞公是和尚,无家无累的,地方苦些,可以将就一下。但是杜甫是一大家子人,拖老携幼的,眼看是住不下去。可能战事更紧急了,于是他决定远行。这次是从秦州直向成都。在那时的交通情况下,必然要花费不少的时间,而且中间还要停顿。

从秦州出发,杜甫取道同谷,他在《别赞上人》里说起:"异县逢旧友,初欣写胸臆,天长关塞寒,岁暮饥冻逼。野风吹征衣,欲别向昏黑,马嘶思故枥,归鸟尽敛翼。古来聚散地,宿昔长荆棘,相看俱衰年,出处各努力。"当年的朋友,现在分手了,前途是一片漆黑,但是还得努力,杜甫只能再三吩咐珍重,对于前途的希望是不多的。

从同谷出发,不久就到两当县,这里是吴郁的故居,杜甫在两当停下来。吴郁官御史,也是房琯这一系统的,在杜甫担任左拾遗的时候,吴郁先遭到贬斥,直至长沙,后来他们在成都曾经见过,想来吴郁被贬的时间是不长的。经过两当,杜甫有《两当县吴十侍御江上宅》诗一首:

寒城朝烟淡，山谷落叶赤，阴风千里来，吹汝江上宅。鹧鸪号枉渚，日色傍阡陌，借问持斧翁，几年长沙客。哀哀失木狖，矫矫避弓翮，亦知故乡乐，未敢思宿昔。昔在凤翔都，共通金闺籍，天子犹蒙尘，东郊暗长戟。兵家忌间谍，此辈常接迹，台中领举劾，君必慎剖析。不忍杀无辜，所以分白黑，上官权许与，失意见迁斥。仲尼甘旅人，向子识损益，朝廷非不知，闭口休叹息。余时忝诤臣，丹陛实咫尺，相看受狼狈，至死难塞责。行迈心多违，出门无与适，于公负明义，惆怅头更白。

吴郁的事迹，不见两《唐书》，但是从杜甫的诗里，我们可以看到一个大概。当时凤翔行都，充满了安禄山的间谍，这是可以想到的，吴郁主张要仔细分别，不要冤杀无辜，肃宗盛怒之下，把吴郁一直贬窜到长沙。战争的恐怖，行都的草率，肃宗的暴怒，吴郁的委屈，一切都写入诗中。杜甫一直在引咎，这里正看到他的坦白，同时也为二人在成都的叙旧准备了条件。

从秦州到成都二百六十五里，在现代的交通条件下,这是几小时的旅途,但是在杜甫的时代,便是苦难的历程。沿路他都有诗:《发秦州》《赤谷》《铁堂峡》《盐井》《寒峡》《法镜寺》《青阳峡》《龙门镇》《石龛》《积草岭》《泥功山》《凤凰台》《乾元中寓居同谷县作歌七首》《万丈潭》《发同谷县》《木皮岭》《白沙渡》《水会渡》《飞仙阁》《五盘》《龙门阁》《石柜阁》《桔柏渡》《剑门》《鹿头山》《成都府》。这三十二首诗是一组,主要是叙述这一段旅程,但是叙行之中也有抒情。《同谷七歌》是有名的诗篇,把旅途的艰辛和内心的痛苦交织起来,成为千古少有的诗篇。杜甫是大诗人,不仅在格律方面有他的独到之处,而且在创造方面,更能发前人所未发,为后来的诗歌开辟了新路。这一番披荆斩棘的辛苦,我们很少看到他的敌手。现在是不是我们已经到了对于杜甫有一个重新认识的时候?

在秦州的当中,杜甫发现往来杂沓,不是可以停留的地方,这才决定出发。那天已经很晚了。他在《发秦州》诗里说起:

……日色隐孤戍,乌啼满城头,中宵驱车去,饮马寒塘流。磊落星月高,苍茫云雾浮,大哉乾坤内,吾道长悠悠。

为什么杜甫要在中夜出发呢?看来正和他在《自京赴奉先县咏怀五百字》所说的"天衢阴峥嵘,客子中夜发,霜严衣带断,指直不得结"一样。北方冬天严寒,午后道路泥泞,只有中夜路面冰结,反而好走,因此他在中夜出发了。

《赤谷》一首,抒写心中的痛苦,他说:

> 天寒霜雪繁,游子有所之,岂但岁月暮,重来未有期。晨发赤谷亭,险艰方自兹,乱石无改辙,我车已载脂。山深苦多风,落日童稚饥,悄然村墟迥,烟火何由追。贫病转零落,故乡不可思,常恐死道路,永为高人嗤。

杜甫这一次的西行,和他后来的湖湘之行一样,是抛弃一切,只有前途,没有后方的远程。巩县有家,洛阳有家,已经沦陷了,没有希望了;长安有他旧日的盘桓之所,正在异族的威胁之下,也没有希望了。一切的一切,都是那么的渺茫,现在只有前进,但是前进的希望又在哪里?不错,他还可以投亲靠友,但是亲友是永远可靠的吗？一切都很茫然。

杜甫的生活，又一度和人民接近了。中夜的颠簸，饥寒的交迫，大唐帝国基层人民所受的痛苦，杜甫都亲身尝过，他成为基层人民当中的一员，因此他的作品也成为基层人民的呼号。

> 行迈日悄悄，山谷势多端，云门转绝岸，积阻霾天寒。寒峡不可度，我实衣裳单，况当仲冬交，溯沿增波澜。野人寻烟语，行子旁水餐，此生免荷殳，未敢辞路难。
> ——《寒峡》

> 细泉兼轻冰，沮洳栈道湿，不辞辛苦行，迫此短景急。石门云雪隘，古镇峰峦集，旌竿暮惨澹，风水白刃涩。胡马屯成皋，防虞此何及，嗟尔远戍人，山寒夜中泣。
> ——《龙门镇》

"胡马"当然指史思明的军队，因为战事的蔓延，到处都受到战争的创伤。两当、同谷，离成皋已经很远了，但是拉夫的痛苦，并没有因为路远而有所削弱，被拉的已经拉去了,但是深山里的老亲少妇因为远离而痛苦更加深切。中夜的号哭,一声声都在叩击着杜甫的心弦。

被拉去的固然是痛苦,没有被拉的也有没有被拉的痛苦。

> 熊罴咆我东,虎豹号我西,我后鬼长啸,我前狨又啼。天寒昏无日,山远道路迷,驱车石龛下,仲冬见虹霓。伐竹者谁子,悲歌上云梯,为官采美箭,五岁供梁齐。苦云直竿尽,无以充提携,奈何渔阳骑,飒飒惊蒸黎。
>
> ——《石龛》

这一首的前四句,从各方面写出一个恐怖的环境。种种式样的恐怖都集中到周围,造成一个窒息的形势。虹霓是实写。朱鹤龄注:"《月令》,孟冬之月,虹霓不见,今仲冬见之,纪异也。"这是错的。《月令》是中原广大平原的人写的,因此不可能看到仲冬的虹霓。其实甘南、川西一带的高山地带,仲冬也会看到虹霓的。川谷之中的霜霰,经过中午日光的蒸发,成为虹霓,是经常有的。峨眉山旧称有佛光,就是这样,到过峨眉的都知道。朱鹤龄足迹不出东南,因此所见不免片面。但是这里的虹

第五章 无食问乐土，无衣思南州

霓，确实是纪异。杜甫运用《诗经·鄘风·蝃蝀》"蝃蝀在东，莫之敢指"。这是古代相传的一种迷信，认为虹霓是不能指的。杜甫用它，更加强了恐怖的气氛。箭指箭杆，是竹竿，要有一定的长度，要直，要上下一致。只有甘南的山谷里有这样的竹竿，因此成为人民的一种负担。"为官采美箭，五岁供梁齐"，这是说在这五年里，为了河南、山东的作战，甘南的人民到深山长谷中，把可以应用的竹竿都采伐尽了，为什么自己的大军没有体谅人民的辛苦，反而用人民采伐的美箭吓唬人民呢？

在杜甫到达同谷以后，全家人都病倒了，杜甫只有停顿下来。穷困、愁苦、哀伤、绝望一齐都压到杜甫身上，他到了绝望的边缘上，又一次接触到贫苦大众，他的诗得到又一次提高。《乾元中寓居同谷县作歌七首》：

> 有客有客字子美，白头乱发垂过耳，岁拾橡栗随狙公，天寒日暮山谷里。中原无书归不得，手脚冻皴皮肉死，呜呼一歌兮歌已哀，悲风为我从天来。
>
> 长镵长镵白木柄，我生托子以为命，黄独无苗山雪盛，短衣数挽不掩胫。此时与子同归

来,男呻女吟四壁静,呜呼二歌兮歌始放,邻里为我色惆怅。

有弟有弟在远方,三人各瘦何人强,生别展转不相见,胡尘暗天道路长。东飞驾鹅后鹙鸧,安得送我置汝傍,呜呼三歌兮歌三发,汝归何处收兄骨。

有妹有妹在钟离,良人早殁诸孤痴,长淮浪高蛟龙怒,十年不见来何时。扁舟欲往箭满眼,杳杳南国多旌旗,呜呼四歌兮歌四奏,林猿为我啼清昼。

四山多风溪水急,寒雨飒飒枯树湿,黄蒿古城云不开,白狐跳梁黄狐立,我生胡为在穷谷,中夜起坐万感集,呜呼五歌兮歌正长,魂招不来归故乡。

南有龙兮在山湫,古木巃嵸枝相樛,木叶黄落龙正蛰,蝮蛇东来水上游。我行怪此安敢出,拔剑欲斩且复休,呜呼六歌兮歌思迟,溪壑

第五章 无食问乐土，无衣思南州

为我回春姿。

男儿生不成名身已老，三年饥走荒山道，长安卿相多少年，富贵应须致身早。山中儒生旧相识，但话宿昔伤怀抱，呜呼七歌兮悄终曲，仰视皇天白日速。

在《同谷七歌》里，杜甫诉说了他的悲哀。这是他个人的悲哀，然而也是同时代的人民大众中每个人的悲哀，因此更深刻，更能引起人民大众的共鸣。一歌里他先写到自己沉浸在群山之内，眼望着河南的故乡，但是那里正在中原大战，水深火热之中，不但自己谈不到回去，眼巴巴地一封书信也看不到。饭是没有，只能和猿猴一样，拾一些橡栗填塞自己的枯肠。橡栗，是橡树子，是在没有粮食的时候，人民取以充饥的一种果实。

二歌写到黄独，这是一种块茎，是西北人民用来果腹的食品。杜甫一家的生活，这时寄托在他的长镵上，但是满山的大雪，长镵从何下手呢？自己是衣不掩胫，食不果腹，黄独不是没有苗的，但是枯了以后，埋在大雪之下，怎样办呢？他肩负长镵回家了。家是怎样的家，这一边是男孩的长呻，那一边是女儿的短吟，四壁空荡荡地矗立着。

三歌四歌写的是弟弟和妹妹。多年没见到了,特别是妹妹,丈夫死了,孩子还不懂事。杜甫不断地惦念他们,作为大哥,他能做什么呢?到处是兵荒马乱,怎么办呢?这个问题他不敢提,也是无从解答的。

五歌六歌写到他的环境。白狐、黄狐、黄龙、蝮蛇,这一切是漫山遍野,去不了,也没办法去。他抱住两个问题,这些东西为什么敢于出来?杜甫自己为什么落到这里?但是这两个问题怎样解答呢?自己来了,而狐狸蛇虺也在这里。和平共处,固然是错误的,和他们斗争,由于力量的悬殊,也不能作唐·吉诃德的一战。怎么办呢?"溪壑为我回春姿",当然这时是严冬,但是十月小阳春,在严寒之中是应当透露一缕春意的,可是这一缕春意也完了,一切都完了,这就为"七歌"准备了条件。

"七歌"是这首长诗的总结。这里杜甫写到自己的悲哀。路已经走尽了,是绝境了,但是他还没有承认这是绝境。他抚今追昔,"但话宿昔伤怀抱"。"山中儒生"不知是谁,浦起龙说:"时必有旧交寓同谷者。"当然这很可能,但是也未必尽然。杜甫何尝不可以凭空想象,我外有我?总之是"感旧伤怀"。杜甫生在大唐帝国的盛世,官僚世族的家庭,少年过的是"裘马清狂"的生活,而

第五章 无食问乐土,无衣思南州

今是话旧伤怀的环境。这一切沉痛,正和四山风雨一道压迫到心头。橡栗黄独饱不了自己的枯肠,男呻女吟更触发了无边的愁思。困守同谷的杜甫是与贫窭大众同其艰苦的,这就为他的《同谷七歌》造成了独特的创作条件。

同谷是这一次远程的中站,在儿女呻吟稍为宁静一些以后,杜甫和他们再行前进。在这一路,我们读到"造幽无人境,发兴自我辈,告归遗恨多,将老斯游最"(《万丈潭》);"临歧别数子,握手泪再滴,交情无旧深,穷老多惨戚"(《发同谷县》),我们看到杜甫的感情,受到多么严重的打击。水会渡是嘉陵江的渡口,杜甫到这里仿佛已经看到万里的长江。后面是高视千秋的长安,前面是直泻万里的长江,杜甫这时是心潮澎湃,不能自已了。

> 山行有常程,中夜尚未安,微月没已久,崖倾路何难。大江动我前,汹若溟渤宽,篙师暗理楫,歌笑轻波澜。霜浓木石滑,风急手足寒,入舟已千忧,陟巘仍万盘。回眺积水外,始知众星乾,远游令人瘦,衰疾惭加餐。
>
> ——《水会渡》

冬天是枯水时期，舟行是安稳的，不过杜甫是北方人，他总还觉得陆行比较妥帖，因此过了水会渡以后，他还是从陆路赶上。"始知众星乾"的这一个"乾"字，真是千锤百炼。以前批评家都推重"白鸥没浩荡"的"没"字，"吹面受和风"的"受"字，其实这个"乾"字的兴会标举，出人意外，比那两字还要高得多。不过杜甫的高大，不仅仅着落在个别的字句上。

经过长途的跋涉，终于到达剑阁，这是四川和北方的分界岭，杜甫有《剑门》这一首诗：

> 惟天有设险，剑门天下壮，连山抱西南，石角皆北向。两崖崇墉倚，刻画城郭状，一夫怒临关，百万未可傍。珠玉走中原，岷峨气凄怆，三皇五帝前，鸡犬莫相放。后王尚柔远，职贡道已丧。至今英雄人，高视见霸王，并吞与割据，极力不相让。吾将罪真宰，意欲铲叠嶂。恐此复偶然，临风默惆怅。

杜甫在这首诗里，追溯历史，对于当时的四川，怀着无比的担忧。事实上，古代的中原，指河南、河北、山东、山西一带。数千年以来，逐步发展和壮大，但是在某些范围,也不免受到侵蚀,特别是在东北和西北。战国时期,秦惠王用张仪、司马错伐蜀,这时四川的一部分才和中原合并,但是离心力和向心力是同时存在的。项羽定长安,分封十八王,以刘邦为汉王,王巴、蜀、汉中三郡,存心把刘邦划到中原以外。待到汉高祖统一了,向心力开始滋长,但是在中原动乱之中,离心力又有所加强,公孙述、刘备、李特都代表这样一种力量。杜甫对于这种力量是有认识的。"连山抱西南,石角皆北向",都显示了他的看法。"并吞与割据,极力不相让",正写出他对于两种力量的认识。是不是他对于当时川中的割据形式有所向往呢?当然不可能,杜甫不是范长生,也不是诸葛亮,他不可能有割据西南、北定中原的雄心大志,但是安定西南,拥戴中央的希望他是有的。"吾将罪真宰,意欲铲叠嶂",正抒写了他心中的意图。不过意图尽管有这样的意图,没有实现这种意图的雄心大志,那么这种意图也还是落空的。

过了剑阁,经过鹿头,杜甫终于到达成都,有《成都府》一首:

翳翳桑榆日,照我征衣裳,我行山川异,忽在天一方。但逢新人民,未卜见故乡,大江东

> 流去,游子去日长。曾城填华屋,季冬树木苍,喧然名都会,吹箫间笙簧。信美无与适,侧身望川梁,鸟雀夜各归,中原杳茫茫。初月出不高,众星尚争光,自古有羁旅,我何苦哀伤。

这是成都纪行三十二首诗的最后一首。杜甫穿过吐蕃出没的陕南和甘南,终于到达成都了。辛苦的历程,长途的结局,但是在这首诗里看不到任何愉快的气氛。为什么?因为成都不是他的故乡,因为到成都,除了避难,没有其他的目的,也不可能达到其他的企图。长途跋涉的当中,他是有企图的,现在到成都了,他没有其他的指望。说坦白一些,他来成都只是投亲靠友,容身避难。到了成都以后,他还有什么呢?除了一大家子扶老携幼以外,他更没有什么。在秦州,他指望到成都,但是到了成都,他只有指望长安,可是中央政权还没有稳定。"初月出不高,众星尚争光",不是写实,因为这不是"吹箫弄簧"的时候,所以只是象征,象征着没有稳定的中央。

第六章　此身那老蜀，
　　　　　不死会归秦

（760—762）

　　杜甫拖儿带女地到达成都了。初到的时候，寄居在郊外的浣花溪寺。靠着寺主复空和尚，全家暂时安顿下来。

　　从长安出来，主要是逃难，当然是为了保全自己。在危难迭出的时候，人的本能，第一是保全自己，这是无可非难的。除了极端虚伪的人，是不会加以谴责的。能够保全自己，而后才能保全别人，才能考虑到树立事业。诸葛亮一见刘备，不是劝他击破曹操，而是劝他稳定成都，巩固基础；王导、周𫖮过江而后，不是倡议出兵过江，击破刘渊、石勒，而是主张定都建业，收拾江南。这一切都有一个先后缓急，只有坐在太平椅子上故作高论的人才能信口开河，加以非难，这样的人是毫无成就的，尽管对人信口开河，其实自己到死只是一张太平椅子。

不过倘使杜甫看得远一点，他会见到成都究竟不是什么太平椅子。那时的川蜀和现在的四川省是不一样的。北边的汉中一带连到湖北的襄樊是山南道，是一个大区；剑阁以南称为剑南道，东到四川的东界；南边还有一些少数民族区域；西边大渡河以西便是吐蕃，这里有西山八国——羌女、诃陵、南王、白狗、逋租、弱水、清远、咄霸八个少数民族部落——是服属吐蕃的，但是有时也服属李姓王朝。西边靠着都江堰灌溉区，因此秦、汉以来，直至隋、唐，一直是一个富庶区域。在汉民族定居下来以后，他们始终没有退却，但是永远是在火线上生活，只要吐蕃的侵略部队一经出动，成都立即受到包围，有时甚至陷落，而李姓王朝的大军还在剑阁以北。得到成都沦陷以后的信息，命将出师，即使一路势如破竹，收复成都，已经是一两个月以后。所以成都的富庶是肯定的，但是成都的安全是不可靠的。这一点在杜甫入蜀的时候可能还不清楚。

杜甫入蜀，生活方面，主要是指望投亲靠友。这一种情况在封建社会里是常有的。杜甫的一家住在浣花溪寺，安静是安静得很，离城区还有一段路，左右也不过三五户人家，这样的幽闲是不容易的，但是住在寺院里，究竟不是长久之计，这一点杜甫也清楚。可能他这一次

第六章 此身那老蜀，不死会归秦

主要是指望裴冕的支援，那时他以尚书右仆射封冀国公，拜成都尹，充剑南西川节度使。这一位是凤翔行都的旧人，杜甫认识的，所以在秦州出发以后，将到成都之前，杜甫诗中就说："冀公柱石姿，论道邦国活，斯人亦何幸，公镇逾岁月。"可是这一位冀国公，官大了，眼中也容不了这许多朋友，因此杜甫的希望落了空。

是不是房琯、严武还可以帮助一些？这都是杜甫的至交，但是相去太远，也无能为力。还好他早年的诗友高适这时正做彭州刺史，就在成都附近。唐代的刺史和明、清两代的知州不同，知州只是一个州县官，要不是另有门路，很难爬上去。唐代的刺史不同，一经提出，随时可以提升节度使，高适就是这样的，而且他对杜甫，虽然没有提拔，友谊一直是密切的。除了高适的帮助以外，其他还有王十五司马、萧八明府、韦二明府、何十一少府、徐卿这些人大大小小的资助，杜甫终于在成都城外万里桥西建成了他的草堂。草堂只是草堂，但是杜甫总算是有了一个栖身之所，这年是上元元年（760）。三年以后全部完成。杜甫有《堂成》诗一首：

背郭堂成荫白茅，缘江路熟俯青郊，桤林碍日吟风叶，笼竹和烟滴露梢。暂止飞乌将数子,频来语燕定新巢,旁人错比扬雄宅,懒惰无心作解嘲。

在这个情况下,杜甫应当可以安心生活,安心创作了,但是不然。这是每一个经过乱离的人都能够知道的。没有离开长安以前,他只是惦念成都;但是一经到达成都,他就不断地惦念长安。是的,他的亲人都在眼前,长安应当没有什么可以惦念,但是他不能不惦念,那里还有他的精神的寄托,长安的街道坊里,甚至长安的一草一木,都可以唤起他的怅惘。

就在杜甫到达成都的那一年,他留下了《恨别》这首诗:

洛城一别四千里,胡骑长驱五六年,草木变衰行剑外,兵戈阻绝老江边。思家步月清宵立,忆弟看云白日眠,闻道河阳近乘胜,司徒急为破幽燕。

不仅如此,还有《散愁二首》:

久客宜旋旆,兴王未息戈,蜀星阴见少,江

雨夜闻多。百万传深入，寰区望匪他，司徒下燕赵，收取旧山河。

闻道并州镇，尚书训士齐，几时通蓟北，当日报关西。恋阙丹心破，沾衣皓首啼，老魂招不得，归路恐长迷。

这里的司徒、尚书，正是《洗兵马》中的司徒、尚书，是李光弼和王思礼。当时的三位大将，郭子仪镇守关中，一边支持强大的后方，一边准备应付吐蕃的入侵。王思礼在山西，控制史思明对于长安后方的侵袭。主要的力量安排在李光弼的指挥之下，西自河阳，东至怀卫，随时随地和史思明的主力作战。双方都准备作出最大的努力。今天的我们，既没有切身的利害，同时又看到历史的业绩，正可以作出比较符合事实的论断，这是和前人完全不同的。

当然，杜甫不可能把全力搁在惦念上，他还要生存。在这方面，彭州刺史高适对他的支援是值得留念的。高适有《赠杜二拾遗》一首："传道招提客，诗书自讨论，佛香时入院，僧饭屡过门。听法还应难，寻经剩欲翻，草玄今已毕，此后更何言？"高适的诗是很含蓄的，杜甫却在

《酬高使君见赠》一诗中直接提出了：

> 古寺僧牢落，空房客寓居，故人供禄米，邻舍与园蔬。双树容听法，三车肯载书，草元吾岂敢，赋或似相如。

"供禄米"的故人，当然是高适了。有时接济不及的时候，杜甫也就直接提出来：

> 百年已过半，秋至转饥寒，为问彭州牧，何时救急难？
> ——《因崔五侍御寄高彭州一绝》

看来高适对于杜甫的支援，是有求必应的，因此杜甫有《奉简高三十五使君》诗：

> 当代论才子，如公复几人？骅骝开道路，鹰隼出风尘。行色秋将晚，交情老更亲，天涯喜相见，披豁对吾真。

当然他是不能完全以乞求支持生活的，因此他有时就卖药。他在诗中曾说"晒药能无妇,应门亦有儿",这就是说在蒸晒草药和供应门市方面,全家都出动了。大约在古代,一位世家的后代,出卖草药,是于家风没有妨害的,因此韩康卖药,成为古代的佳话;杜甫在《进三大礼赋表》中自言"顷者卖药都市,寄食朋友",并不以此自惭,而卖药之余,仍不妨出仕当代。当时对于卖药这样的职业,并没有什么歧视的。

但是杜甫真正关心的还是当时的政局。一边关心史思明的盘踞河南,一边关心玄宗的遭遇:

> 野老篱边江岸迥,柴门不正逐江开,渔人网集澄潭下,贾客船随返照来。长路关心悲剑阁,片云何意傍琴台,王师未报收东郡,城阙秋生画角哀。
>
> ——《野老》

> 君不见昔日蜀天子,化为杜鹃似老乌,寄巢生子不自啄,群鸟至今为哺雏。虽同君臣有旧礼,骨肉满眼身羁孤,业工窜伏深树里,四月五月偏号呼。其声哀痛口流血,所诉何事常区区。尔岂摧残始发愤,羞带羽翮伤形愚,苍天

变化谁料得,万事反复何所无?万事反复何所
无,岂忆当殿群臣趋!

——《杜鹃行》

前一首容易理解,因为杜甫指明"王师未报收东郡",这是说河南一带还在苦战之中,经过多年的苦战,人民作出极大的牺牲,但是时局没有得到安定,因此还得经过不断的艰难。

理解后一首便困难了。中国诗本来有赋、比、兴三种不同的作法。是赋,那最明白,我们一望而知;是兴,那还容易,只要把前面二句或四句认定是引起下文的诗句,其实没有多大的联系,例如《古诗为焦仲卿妻作》的"孔雀东南飞,五里一徘徊",我们只要知道这和下文的关系不大,问题也解决了,无论是孔雀,或是鸳鸯;无论是东南,或是西北,都与下文无关。困难的是比,作者提出了杜鹃,以下一直是杜鹃,然而也不一定是杜鹃。那是指什么?我们要设法了解,但是也不一定能了解。这就成为一个大大的问号。南宋末年的《冬青引》就是一个例子。现代的我们,接受了国外的传统,总觉得诗是为了诉说一种感情,叙述一件故事,或是阐述一些道理而作的,那为什么写一些不能理解的作品呢?这个理论

是无可非难的，但是也不尽然，各时代都有时代的风尚，各民族有民族的传统，要把一种尺子衡量一切是不可能的。古代的中国诗，有时是不易理解，这是无可否认的，但也不是一定就错。正如音乐一样，同一个曲调，有人能分辨喜怒哀乐、庆吊赠答，有人竟无从分辨，我们不能据此否定这个曲调的存在。

不过《杜鹃行》这一首，虽然现在有人感到不易理解，但是旧时还有一个共同的认识。第一，旧时认为杜鹃是蜀天子所化，因此这首诗很可能是指君主。第二，这首诗说"岂忆当殿群臣趋"，因此这首诗很可能是指失势的君主。对于这两点的认识是可以统一的。

洪迈说："明皇为辅国劫迁西内，肃宗不复定省，子美作《杜鹃行》以伤之。"黄鹤说："上元元年七月，李辅国迁上皇，高力士及旧宫人皆不得留，寻置如仙媛于归州，出玉真公主居玉真观，上皇不怿成疾。诗曰：'虽同君臣有旧礼，骨肉满眼身羁孤'，盖谓此也。"这一个推论，后代注家多数同意，看来还是正确的。

从《野老》和《杜鹃行》我们可以看到杜甫虽然身在西蜀，然而对于国家大事还是关心的。

但是川西的时势使他不能不更关心。因为这里迫近他自己的处境，不容许他不关心。川西的西边是以岷江和大渡河之间作为李姓王朝和吐蕃王朝的边界线的。北庭、安西的大片土地为吐蕃吞并了,河湟地区也丧失了,现在的吐蕃正在进窥川西的松、维、保三州,大体上相当于现代所说的川西草原。杜甫在《野望》诗中提及:

> 西山白雪三城戍,南浦清江万里桥,海内风尘诸弟隔,天涯涕泪一身遥。惟将迟暮供多病,未有涓埃答圣朝,跨马出郊时极目,不堪人事日萧条。

"西山白雪三城戍",指的松、维、保三州。杜甫从长安,经过秦州来到成都,想不到这里还是不能自保,这才是"不堪人事日萧条"。肃宗是软弱的,为张皇后所制,甚至父子之间的关系也不能保,上不能保玄宗,下不能保建宁王倓。应当说这是一位无能的皇帝,但是不能说是完全糊涂,因为他对于大局的安危还是关心的。松、维、保三州的安危,直接影响到成都,因此他派检察使到西川,杜甫有《入奏行赠西山检察使窦侍御》诗:

> 窦侍御,骥之子,凤之雏,年未三十忠义俱,骨鲠绝代无。炯如一段清冰出万壑,置在

第六章 此身那老蜀,不死会归秦/

迎风露寒之玉壶。蔗浆归厨金碗冻,洗涤烦热足以宁君躯。政用疏通合典则,戚联豪贵耽文儒。兵革未息人未苏,天子亦念西南隅,吐蕃凭陵气颇粗,窦氏检察应时须。运粮绳桥壮士喜,斩木火井穷猿呼,八州刺史思一战,三城守边却可图。此行入奏计未小,密奉圣旨恩宜殊,绣衣春当霄汉立,彩服日向庭闱趋。省郎京尹必俯拾,江花未落还成都,肯访浣花老翁无?为君酤酒满眼酤,与奴白饭马青刍。

这位窦侍御到西川进行检察,杜甫对他是抱有极大希望的,他希望从此能够安定西南,保全松、维、保三州,其实这是完全错的。当时吐蕃的目光已经不是仅仅三州而是要牵制西南,进攻长安,这个目的后来竟然达到,甚至在长安还一度出现过傀儡皇帝。这些都是后话。

肃宗是一位软弱的皇帝,他在张皇后和内监李辅国的怂恿下,甚至把父亲玄宗也软禁起来,这是事实。不过皇帝究竟是皇帝,和人民属于两个不同的阶级。尽管他们也在那里提倡父慈子孝,这是他要人民遵守的原则,和他们自己不相干。从他本身的利益看起来,一切妨碍他的个人利益的,父亲可以软禁,可以谋杀,儿子更不用说了,杀死是一件常见的事实。

可是从另一方面看,肃宗是有他的见识的。他还没有糊涂到连这一点自卫的本能也没有。史思明在东都,这是一个劲敌,战事还在胶着中。北方是回纥,他们支援李姓王朝,但是他们准备把李姓王朝统治下的子女玉帛掠为己有,这是很清楚的。西方和西南呢,玉关以西,久已在吐蕃的掌握之下,现在他们正在横噬川西,威胁长安。要是不加警惕,自己有随时被困的危险。怎么办?是不是可以走玄宗的老路,穿过剑阁,驻守成都?窦侍御从成都回来了,肃宗对于西南的情况,获得第一手的资料,他不能再踏玄宗的脚印,冒昧地走向成都。在东南西北四个方向都发现了障碍的时候,他考虑到的只有襄邓这一条东南的出路。他应当记得在突厥进逼的时候,高祖就曾经考虑到迁都山南。唐代的山南道,分为两部分,汉中一带称为山南西道,因为逼近吐蕃出兵的路线,是去不得的;可是山南东道,包括南阳、襄阳、荆州一带还是可以考虑的,特别是因为东连江南,这是财富之区,是李姓王朝的给养线,是应当重视的。南阳和洛阳比较接近,随时受到史思明的威胁,因此最后的选择集中到襄阳和荆州。襄阳的可贵,是在江南和关中的道路上,但是既已作出决策放弃长安,这条通道便失去了价值,所以最后的决定是荆州。在这一点上,肃宗的眼力是高出玄宗之上,也是在他的儿子代宗之上的。但是这种眼力并不能帮助李姓王朝有所进展,而只是准备一跑再跑,抛弃土地和人民,更好地乃至最好地保全自己这一条无足轻重的生命。

肃宗决定了这条逃跑的路线,上元元年(760)本来决定以成都为南京的,到九月间发表以荆州为南都,赐号江陵府,以吕諲为江陵尹。杜甫对于国家大策的决定,是理解不多的,因此有《建都十二韵》之作:

> 苍生未苏息,胡马半乾坤,议在云台上,谁扶黄屋尊。建都分魏阙,下诏辟荆门,恐失东人望,其如西极存？时危当雪耻,计大岂轻论,虽倚三阶正,终愁万国翻。牵裾恨不死,漏网辱殊恩,永负汉庭哭,遥怜湘水魂。穷冬客江剑,随事有田园,风断青蒲节,霜埋翠竹根。衣冠空穰穰,关辅久昏昏,愿枉长安日,光辉照北原。

后人对于杜甫,有时称他为"村夫子",当然这是不够尊重的,但是在读到《建都十二韵》这首不甚出名的诗篇后,我们不免有这样的感觉。江陵建都,当然不是什么"东人望",但是"西极存"的"存",存在何处呢?广大的西北没有了,吐蕃进兵甘南,松、维、保旦夕不保,湟水南岸不断地发现敌人的踪迹。肃宗确实是在准备一条退却的路线,从大唐帝国的前途讲,这是错误的,是背叛人民利益的。没有领导人民保卫国家利益的决心,就谈不到什么"光辉照北原"。在封建社会里,能领导人民的就是光辉,不能领导人民的就没有光辉。光辉来自人民,皇帝本身是没有什么光辉可言的。

对于杜甫这一时期的创作,有人强调他的人民性,特别是《茅屋为秋风所破歌》这一首:

八月秋高风怒号,卷我屋上三重茅。茅飞渡江洒江郊,高者挂罥长林梢,下者飘转沉塘坳。南村群童欺我老无力,忍能对面为盗贼,公然抱茅入竹去,唇焦口燥呼不得,归来倚杖自叹息。俄顷风定云墨色,秋天漠漠向昏黑,布衾多年冷似铁,娇儿恶卧踏里裂,床床屋漏无干处,雨脚如麻未断绝。自经丧乱少睡眠,长夜沾湿何由彻?安得广厦千万间,大庇天下寒士俱欢颜,风雨不动安如山。呜呼!何时眼

第六章 此身那老蜀,不死会归秦/

前突兀见此屋,吾庐独破受冻死亦足。

解放以后,不少的文学史家、文学批评家,对杜甫的这首诗推崇备至。他们认为这是杜诗的人民性的大表现,他宁可自己破屋风雨,长夜不眠,但是祷祝广厦万间,大庇寒士,这是多么的爱人忘己!但是这样的解释是错误的,是强调了片面而忽视了全面。

杜甫说:"安得广厦千万间,大庇天下寒士俱欢颜。"他只说是寒士,不是广大的饥寒交迫的人民。杜甫只是处在一个阶级社会,在这首诗中,他关心的是和他一样的下层的士,而不是广大的人民。

那么杜甫怎样能写出"三吏"、"三别"和那些同样的诗呢?在那一段时间里,杜甫的生活已经和人民很接近,接近到几乎没有什么区别,因此他能用人民的语言,发出人民的呼声。这样的诗,除了杜甫,中国古代的诗人,也可以达到这样的境界,不过很少达到杜甫这样的高度。人民生活是文学的源泉,诗歌的源泉,接触到人民,可以达到这样的境界,脱离了人民便不能达到这样的境界。

杜甫从秦州入蜀以后,生活是艰苦一些,但是在朋友们的支援之下,生活还可以勉强维持。虽然他和人民中间有一些距离,但是在他的作品里却尽量地设法接近人民的语言,特别是他的七言绝句。为什么是七言绝句呢?因为这个形式最接近于川蜀人民的歌谣。正如我们家乡的人民在劳动中爱唱号子一样。这就形成了杜甫的特色。有的人称为诗歌的变调,真正的变调是那些脱离人民的腐辞烂调,而不是杜甫那样的七言绝句。试举杜甫七言绝句数首于次:

奉乞桃栽一百根,春前为送浣花村,河阳县里虽无数,濯锦江边未满园。
——《萧八明府实处觅桃栽》

华轩蔼蔼他年到,锦竹亭亭出县高,江上舍前无此物,幸分苍翠拂波涛。
——《从韦二明府续处觅绵竹》

草堂堑西无树林,非子谁复见幽心,饱闻桤木三年大,与致溪边十亩阴。
——《凭何十一少府邕觅桤木栽》

落落出群非榉柳,青青不朽岂杨梅,欲存

老盖千年意,为觅霜根数寸栽。

——《凭韦少府班觅松树子栽》

大邑烧瓷轻且坚,扣如哀玉锦城传,君家白碗胜霜雪,急送茅斋也可怜。

——《又于韦处乞大邑瓷碗》

草堂少花今欲栽,不问绿李与黄梅,石笋街中却归去,果园坊里为求来。

——《诣徐卿觅果栽》

二月六夜春水生,门前小滩浑欲平,鸬鹚鸂鶒莫漫喜,吾与汝曹俱眼明。

一夜水高二尺强,数日不可更禁当,南市津头有船卖,无钱即买系篱旁。

——《春水生二绝》

这些诗已经和现代少数民族的对歌差不多,在这方面的试笔是成功了,但是杜甫还要再试。宝应元年(762)他有《戏赠友二首》,用民间的语调写成:

> 元年建巳月,郎有焦校书,自夸足膂力,能骑生马驹。一朝被马踏,唇裂板齿无,壮心不肯已,欲得东擒胡。

> 元年建巳月,官有王司直,马惊折左臂,骨折面如墨。驽骀漫深泥,何不避雨色,劝君休叹恨,未必不为福。

杜甫向民间诗歌学习的热情是可嘉的。这样的学习是不是成功,还不能作出确切的评价,特别是旧时代的评论家,都认为他是创调。但是有一点是肯定的:这样的诗句只适用于诙谐调笑而不适用于海涵山峙,这是体裁的问题而不是字句的问题。

杜甫从长安入蜀,主要是为了生存。到得成都,他把精力集中到诗的创作方面。他的《戏为六绝句》,奠定了他的论诗的主张:

> 庾信文章老更成,凌云健笔意纵横,今人嗤点流传赋,不觉前贤畏后生。

> 王杨卢骆当时体,轻薄为文哂未休,尔曹

身与名俱灭,不废江河万古流。

纵使卢王操翰墨,劣于汉魏近风骚,龙文虎脊皆君驭,历块过都见尔曹。

才力应难跨数公,凡今谁是出群雄,或看翡翠兰苕上,未掣鲸鱼碧海中。

不薄今人爱古人,清词丽句必为邻,窃攀屈宋宜方驾,恐与齐梁作后尘。

未及前贤更勿疑,递相祖述复先谁,别裁伪体亲风雅,转益多师是汝师。

这六首绝句奠定了杜甫的主张,倘使我们好好学习,也可以奠定论诗的主张。特别是近年以来,我们对于文学批评,注意较多,应当得出一个比较可靠的结论。不幸的是议论愈多,邪门歪道也愈多。倘使我们好好地读一下,我们会看到杜甫所推崇的是"鲸鱼碧海",不是"翡翠兰苕"。这就是说他要求的是伟大,是壮丽,不是娇小,不是玲珑。他对于古代,所推崇的是风骚,是古人,是屈宋,次之是汉魏,再次是齐梁,是庾信,是王杨卢骆。对于今人,对于后生,他只能叹息"龙文虎脊皆君驭,历块过都见尔曹"。他也叹息"尔曹身与名俱灭,不废江河万古流"。岂但是江河不废,他甚至慷慨地喊出:"今人嗤点流传赋,不觉前贤畏后生。"最后是他的劝导:"别裁伪体亲风雅,转益多师是汝师。"然而这些劝导是枉然的。诗人的背后还有刀枪。曹操的横槊赋诗,"月明星稀,乌鹊南飞,绕树三匝,何枝可依",这固然流传千古;然而大燕皇帝史思明也有《樱桃子诗》:"樱桃子,半赤半已黄,一半与怀王,一半与周贽。"(史思明称帝,以子朝义为怀王,以周贽为宰相。)照样地也流传到现代。幸和不幸是对立的,一切对立的东西,永远因为对立而共存。这一切只能供后人的凭吊。杜甫的主张是正确的,他对同时代人的劝告,也是好心好意的。当然这也不能阻止后人继续做"翡翠兰苕"的诗句,甚至不能妨碍"半赤半黄,怀王周贽"这种诗篇的存在。

第七章 公来雪山重,公去雪山轻

(762—765)

杜甫的到达成都,不是由于严武的出镇,但是他在成都这一段时间里和严武的关系最密切,所以在叙述杜甫在成都及其附近的这段时间里,我们必须把严武在川的情况作一个全面的交代。

杜甫和严武都出身于地主官僚阶级,但是中间也有区别,杜甫出生于一个州县官的家庭,严武是中书侍郎严挺之之子,挺之是当时有名的丞相,所以二人的地位是悬殊的,不过二人之间的友谊很深。

至德二载(757)收复长安之后,严武为给事中,年三十二,杜甫为左拾遗,年四十六,他有《奉赠严八阁老》一首:

扈圣登黄阁,明公独妙年,蛟龙得云雨,雕

鹗在秋天。客礼容疏放,官曹可接连,新诗句句好,应任老夫传。

杜甫对于严武的气魄,有所认识,事实上还可以推得更早。严武二十出外以后,哥舒翰因为他是名父之子,曾经奏充判官,迁侍御史。杜甫说他:

……历职匪父任,嫉邪尝力争,汉仪尚整肃,胡骑忽纵横,飞传自河陇,逢人问公卿,不知万乘出,雪涕风悲鸣。受辞剑阁道,谒帝萧关城。寂寞云台仗,飘飘沙塞旌,江山少使者,笳鼓凝皇情。壮士血相视,忠臣气不平,密论贞观体,挥发岐阳征。感激动四极,联翩收二京,西郊牛酒再,原庙丹青明。……

——《八哀诗·严武》

从这里我们可以看到,严武是参加了灵武起兵的,以后和杜甫同在凤翔,再由凤翔同至长安。据《旧唐书》本传,他出为绵州刺史,迁东川节度使。由于史书的阙略,我们不能指出是哪一年,大约在房琯罢官之后,杜甫初至成都之前(758—759),时间不长,在杜甫诗里没有

第七章 公来雪山重,公去雪山轻

记载。

安史之乱,是李姓王朝衰落的一个标识,不仅中央政权发生动摇,地方政权也受到很大的影响。开元初期广大的李姓王朝,除了中央政权由皇帝直接掌握以外,有节度使八人,兼支度、营田、招讨、经略等使,这是说节度使掌握了财政、赋税和兵权。这样庞大的实权,在集中到一个人手里,特别是身兼三个节度使之后,常常会引起背叛中央,发动武装叛乱的情况,安禄山的叛乱就是一个实例;但是在对付外国或大唐帝国中的其他王朝时,往往起一种镇压的作用。所以节度使的制度是有利有弊的。安史之乱以后,李姓王朝因为(一)缩小节度使的权力,(二)宠赐当时重臣,经常把一个节度使的管辖地区分为两个、三个,甚至更小一些,其结果是实力不足,无以应付国外或其他王朝的军事行动。剑南节度使分为东、西两川节度使,兵力不足应付实力庞大的吐蕃王朝,就是一个具体的事例。

杜甫到达成都以后,长安召为京兆府功曹,这件事可能与严武有关,因为严武曾为京兆尹,但是在当时的情况下,长安和成都之间,不时会遭遇到吐蕃入侵的兵马,因此杜甫没有前去。不久以后,严武又来成都,这时是宝应元年(762),严武的官衔是西川节度使,兼摄东川,实际上把西川、东川的兵权,重行集中,以资应付吐蕃对于李姓王朝的入侵,事实上这个责任不能不落到严武的头上,严武也非把两川兵权集中起来,不足以应付吐蕃。严武有《寄题杜二锦江野亭》诗:

> 漫向江头把钓竿,懒眠沙草爱风湍,莫倚善题鹦鹉赋,何须不着鵔鸃冠。腹中书籍幽时晒,肘后医方静处看,兴发会能驰骏马,终须直到使君滩。

杜甫也有答诗《奉酬严公寄题野亭之作》:

> 拾遗曾奏数行书,懒性从来水竹居,奉引滥骑沙苑马,幽栖真钓锦江鱼。谢安不倦登临赏,阮籍焉知礼法疏,枉沐旌麾出城府,草茅无径欲教锄。

这里严武是有意访旧,杜甫也热忱接待,终于有《严中丞枉驾见过》一首诗:

> 元戎小队出郊坰,问柳寻花到野亭,川合

东西瞻使节,地分南北任流萍。扁舟不独如张翰,皂帽还应似管宁,寂寞江天云雾里,何人道有少微星。

从这几首诗里,我们不独看到杜甫、严武之间的友谊,同时看到严武有意要杜甫参加幕府的工作,所以说"何须不着鵔鸃冠"。但是杜甫一时还谈不上入幕,他挂念的还是一边隐居,一边伺候回京的消息,所以说"扁舟不独如张翰,皂帽应兼似管宁"。从另一方面看,《旧唐书·严武传》称武为成都尹兼御史大夫,但是诗中称为中丞,那么称为御史大夫,本传有误。《新唐书·方镇表》称废东川节度使在广德二年(764),但是诗称"川合东西",事在上元二年,在这些地方我们看到以诗证史,杜甫是正确的。

杜甫在成都和严武相处不久,有《遭田父泥饮美严中丞》一首,在他的作品中是别开生面的:

步屧随春风,村村自花柳,田翁逼社日,邀我尝春酒。酒酣夸新尹,畜眼未见有。回头指大男,渠是弓弩手,名在飞骑籍,长番岁时久。前日放营农,辛苦救衰朽,差科死则已,誓不举家走。今年大作社,拾遗能住否?叫妇开大瓶,盆中为吾取。感此气扬扬,须知风化首,语多虽杂乱,说尹终在口。朝来偶然出,自卯将及酉,久客惜人情,如何拒邻叟!高声索果栗,欲起时被肘。指挥过无礼,未觉村野丑。月出遮我留,仍嗔问升斗。

这首诗可能有一些夸张,但是大体上是有所根据的。杜甫的生活,和人民还存在距离,但是基本上是很接近了。这天从上午到月出,杜甫是在村农家做客,农夫老了,因此语言更直率,更坦白。整整一天,他总在谈严武。正由于严武体贴人民的艰苦,因此在农忙季节,把军队中服役的兵士放假回家,补助乡间的劳动力。这一点使老农感到体贴,因此决定即使在差役繁重的当中,一家留在家乡,不再出走。这首诗把严武和人民的关系,着重写出。是不是有些过分呢?我们不能说,但是和《八哀诗·严武》那首的"诸葛蜀人爱,文翁儒化成"相比,这两首诗是呼应的。严武是一位英武的将才,未必真是什么爱民如子的循吏,但是当时川中,由于吐蕃进窥,松潘危急,实在有教育人民、团结人民的必要。这一点杜甫看到,严武更应当看到。

但是严武这次在成都的时间很短。宝应元年（762）十二月到二年（763）七月，中间除去路程往来，实际在蜀不足半年，工作还没有开展，他又入为太子宾客，迁京兆尹，兼御史大夫。是不是巴蜀已经安定了呢？没有。杜甫有《大麦行》诗：

> 大麦干枯小麦黄，妇女行泣夫走藏，东至集壁西梁洋，问谁腰镰胡与羌！岂无蜀兵三千人，部领辛苦江山长，安得如鸟有羽翅，托身白云归故乡。

这里的胡羌可能不指吐蕃，但是无论他们是由李姓王朝或吐蕃王朝指挥，他们的思想基础是但问收获，不问耕耘。辛辛苦苦的农民，从初冬忙到初夏，待到收割的季节，却来了这一大批不速之客，除了掠夺农作物以外，还要侮辱妇女，掳掠丁壮。这样的环境使得杜甫不由自主地想到自己的故乡。

不久严武又去了，杜甫在《奉送严公入朝》里"空留玉帐术，愁杀锦城人"两句诗，把严武那一番整军练武之术的落空，和成都人民的愁闷，完全写出。杜甫自己也把心事写出："此身那老蜀，不死会归秦。"他对于蜀中，不再留恋了,只希望回到长安。

严武去了,杜甫送他直到绵州,在杜使君江楼欢宴,杜甫、严武都有诗。严武诗中说起:"但令心事在,未肯鬓毛衰。"严武还有一番盘算,但是没有和杜甫说清楚。

送到绵州,已经很远了,但是送客的人兴犹未尽,十里、二十里、三十里,杜甫把严武直送到奉济驿,最后道别,有《奉济驿重送严公四韵》诗一首:

> 远送从此别,青山空复情,几时杯重把,昨夜月同行。列郡讴歌惜,三朝出入荣,江村独归处,寂寞养残生。

玄宗、肃宗都死了,这时当国的是肃宗之子代宗,这是一位比较老好的皇帝,但是老好的皇帝是无法应付这个艰难局面的。严武是雄才,有意收拾西南的危局,现在奉召入京,他离开成都,正在回京的途中,就在这个时候,剑南大乱爆发了。本来巴蜀和其他地区的交通是异常困难的。西边是吐蕃,南边是六诏,交通不方便,和中原的联系本来不多。东面的交通干线是大江,但是在万壑奔腾的当中,东下固然不易,西上尤其困难。北面出了剑阁,主要的路线是栈道,栈道一断,交通阻塞,东西两

第七章 公来雪山重,公去雪山轻

川,到这时便成为瓯脱。所以旧时代常说:"天下未乱蜀先乱,天下已定蜀后定。"当然,这只是一种口头语,口头语只能说一个大概,不一定经得起考验的。

可是这次严武的入京,尽管他还在途中,没有离开剑阁,但是他不是现任的节度使,没有兵权,成都立即大乱。在这次动乱中,剑南兵马使徐知道带头发动,他掌握着兵权,因此也不难发动,他一边联络西南的少数民族,一边切断剑阁的交通路线,准备在西南建立他的独立王国,但是他忘却一条最浅显的常识。发动不难,收拾不易,正是所谓"一波才动万波随"。在这个情况之下,造成蜀中的大恐怖。事后杜甫有诗,把当时的情况,作了一个全面的分析。

昔我去草堂,蛮夷塞成都,今我归草堂,成都适无虞。请陈初乱时,反复乃须臾,大将赴朝廷,群小起异图。中宵斩白马,盟歃气已粗,西取邛南兵,北断剑阁隅。布衣数十人,亦拥专城居。其势不两大,始闻蕃汉殊。西卒却倒戈,贼臣互相诛,焉知肘腋祸,自及枭獍徒。义士皆痛愤,纪纲乱相逾。一国实三公,万人欲为鱼。唱和作威福,孰肯辨无辜。眼前列杻械,背后吹笙竽。谈笑行杀戮,溅血满长衢,到今用钺地,风雨闻号呼。鬼妾与鬼马,色悲充尔娱。国家法令在,此又足惊吁。贼子且奔走,三年望东吴,孤矢暗江海,难为游五湖。不忍竟舍此,复来薙榛芜,入门四松在,步屧万竹疏。旧犬喜我归,低回入衣裾;邻舍喜我归,沽酒携胡芦;大官喜我来,遣骑问所须;城郭喜我来,宾客隘村墟。天下尚未宁,健儿胜腐儒,飘飘风尘际,何地置老夫?于时见疣赘,骨髓幸未枯。饮啄愧残生,食薇不敢余。

——《草堂》

这首诗的最后部分,说明乱后的生活,也说明了在送严武过了绵州以后,杜甫为什么没有径归成都。但是前面的一大半,说明当时的动乱,是《旧唐书》和《新唐书》都没有详载的。在徐知道发动的时候,虽然只是存心割据,"西取邛南,北断剑阁",不是没有一定的策略。但是徐知道既然脱离长安而独立,他的部下又把他杀了,各据一方,唯我独尊。这就必然要走上"一国三公"的道路,岂但"三公",凡是手下能抓到三五十人的,也必然要各拥专城,聊以自娱。于是互相残杀,进行一场"人

第七章 公来雪山重,公去雪山轻

肉大餐"。不仅如此,死者是死了,但是闺中有鬼妻鬼妾,厩中有鬼犬鬼马,于是再进行掠夺。"鬼妾与鬼马,色悲充尔娱"。这是杜甫特有的惨痛而残酷的写法。这一切和河南境内进行的几十万乃至百万人的大屠杀无关,那里的惨酷和沉痛比蜀中要十倍乃至百倍严重,但是杜甫在写出了"三吏""三别"以后,由于他离开了那阿修罗地狱,没有机会再加以叙述。

在成都和蜀中进行屠杀的当中,杜甫只是想早日脱离这地方,所以在《悲秋》诗里,入手便称"凉风动万里,群盗尚纵横";最后只说"始欲投三峡,何由见两京"。那时严武由于兵戈满地,还没有脱离巴蜀。二人各有诗一首,杜甫有《九日奉寄严大夫》:

> 九日应愁思,经时冒险艰,不眠持汉节,何路出巴山?小驿香醪嫩,重岩细菊斑,遥知簇鞍马,回首白云间。

严武有《巴岭答杜二见忆》:

> 卧向巴山落月时,两乡千里梦相思,可但步兵偏爱酒,也知光禄最能诗。江头赤叶枫愁

客,篱外黄花菊对谁,跋马望君非一度,冷猿秋雁不胜悲。

在川蜀混战的当中,中原的形势突然来了一个大变,河南、河北全部大定了。本来在史思明称帝的时候,他自己身临前敌,和李光弼打了好几次硬仗。因此洛阳、河阳、怀县等处形成了拉锯战,人民的痛苦不可尽言。李光弼是一位名将,但是在史思明手里讨不到什么便宜。从史思明看来,也不急于攻破潼关,因为一则不妨由李姓王朝留在长安,抵御吐蕃的入侵,为自己树立一座挡风墙;二则只要李光弼垮台,可以随时西破潼关,南收唐邓,为自己树立一个不可动摇的基础。

这时的人民是痛苦极了,有了唐皇帝,再有安禄山这个燕皇帝,及至安禄山死了,人民刚看到一线生路,再来一个史思明,也是燕皇帝。说也奇怪,这三位皇帝,正想立万世有道之基,偏偏都死于自己的儿子之手。玄宗之死,黄宗羲以为死于肃宗之手,全祖望以为死于李辅国之手(见《鲒埼亭外集》卷四十八《答李朝阳唐书杂问》),不过李辅国是肃宗手下的,实际上差不多。安禄山死于安庆绪派去的李猪儿之手。最后剩得一个史思明,死于他的儿子史朝义的部下周子俊之手。三位皇

第七章 公来雪山重,公去雪山轻

帝,不论是祖传的或是自封的,其实都是人民的敌人,在他们的争夺之下,国家搞得四分五裂,五千二百八十八万的人口,到代宗初年只剩得一千六百九十二万。在这些皇帝手里,人民死去了十分之七,这一笔血债是无从向他们讨还的。

史思明死了,他的部下薛嵩、张忠志、田承嗣、李怀仙全部投降了。中国再一次统一到李姓王朝的手里。是不是真的如此呢?不是的。河北、河南,还有山东、山西的一部分都在半独立的状况下存在下去。这一种分裂的情况,一直继续到赵宋王朝开国以后为止,但是就到那时,部分地区依然不是由当时的中央王朝管辖的。

即使这样,在巴蜀各地流转的杜甫已经高兴极了。有《闻官军收河南河北》诗一首:

剑外忽传收蓟北,初闻涕泪满衣裳,却看妻子愁何在,漫卷诗书喜欲狂。白日放歌须纵酒,青春作伴好还乡,即从巴峡穿巫峡,便下襄阳向洛阳。

为什么要向洛阳呢?因为他还怀念着洛阳和巩县的一些田产。更重要的是当时的长安已经到了边界线上。吐蕃王朝不断地向李姓王朝进攻,杜甫不是由秦州去成都的吗?现在秦州久已陷落了,吐蕃王朝的矛头,经常对着陕南进攻,有时甚至绕到长安的附近,把李姓王朝的皇帝逼走了,还树立起傀儡皇帝。

不但长安去不得,成都也去不得。剑阁的大门关上了,吐蕃围攻了松、维、保三州,还不断地进窥成都,战争、杀戮、死亡在各地蔓延着,这一切迫得这位五十岁的诗人感到衰老,感到绝望。从今天看,这是何等的惨酷!五十岁才是人生的开始,积累了一些学习和社会的经验,这时正好为自己开辟一条道路,为社会作出一些应有的贡献,然而杜甫感觉得茫然了,这是多大的悲剧!

> 行路难如此,登楼望欲迷,身无却少壮,迹有但羁栖。江水流城郭,春风入鼓鞞,双双新燕子,依旧已衔泥。

> 天畔登楼眼,随春入故园,战场今始定,移柳更能存。厌蜀交游冷,思吴胜事繁,应须理身楫,长啸下荆门。

——《春日梓州登楼二首》

第七章 公来雪山重,公去雪山轻

从这两首诗里,我们看到的是杜甫自恨不如燕子,不如杨柳。他的生活只能使他厌恶,使他凄迷。他唯一的希望是离开四川。荆南也好,吴门也好,只要能脱离川蜀这个可诅咒的地方。

不久,他的朋友高适的西川节度使发表了,但是杜甫去不了,他从绵州到梓州,再从梓州到阆州,在现代四川省的中心打转转。他要做什么?他不要做什么,只要找个吃饭的所在,给自己和亲人的性命维持一个最简单的存在。

> 天下兵马未尽销,岂免沟壑常漂漂,剑南岁月不可度,边头公卿仍独骄。费心姑息是一役,肥肉大酒徒相要,呜呼古人已粪土,独觉志士甘渔樵。况我飘蓬无定所,终日戚戚忍羁旅,秋宿霜溪素月高,喜得与子长夜语。东游西还力实倦,从此将身更何许,知子松根长茯苓,迟暮有意来同煮。
>
> ——《严氏溪放歌行》

在这首诗中,我们看到,杜甫在这一年东奔西走,非常痛苦,但是他还得走。走到哪里去呢?他不知道,他的道路只是东游西转。倦了,他实在倦了,但是他停不下来，他还得走。这首诗实在不是诗而是哀号。要在这首诗里找什么音节，什么对仗，什么格调，是找不到的。我们只听到黑夜中的呼号。然而在这个四川盆地里，到处还是杀、杀、杀。诗的痛苦，诗人的痛苦，时代的痛苦，在这首诗里都听到，也难怪千百年来的批评家对这首诗一些兴趣也感不到，因为他们的生活比较优裕，不能理解这样的一首诗，甚至也不一定承认这是诗。批评家们总得有些优裕的生活，才能够发表他们的高论，否则他们只是一味地摇幌。

在读到这首诗的时候，我仿佛听到近代乐曲里的《二泉映月》。在那首曲子里作者只是凄凉地存在，谱奏他那惨痛的生活。他拉的是二胡，但是在那愁苦的一拉一送之间，活活地把他的生活在两条弦子里抒奏出来。多么苦痛的生活，人是负着十字架一步一步蹒跚过去的。再读这首《放歌行》，不禁把杜甫的艰苦的生活压在自己的心头。

但是我们还得知道欢乐经常是独来独往，但苦痛是相随而至的。"四山多风溪水急，寒雨飒飒枯树湿"，在同谷是如此，在别处亦复如此。岷江、沱江、嘉陵江的四周也是如此。不仅这样，吐蕃王朝的军队正在大渡河的那边杀过来。

第七章　公来雪山重，公去雪山轻

> 莽莽天涯雨，江边独立时，不愁巴道路，恐湿汉旌旗。雪岭防秋急，绳桥战胜迟，西戎甥舅礼，未敢背恩私。
>
> ——《对雨》

> 才名旧楚将，妙略拥兵机，玉垒虽传檄，松州会解围。和亲知计拙，公主漫无归，青海今谁得，西戎实饱飞。
>
> ——《警急》

在这个阶段里，《愁坐》《王命》《征夫》《西山》《遣忧》《巴山》这些诗，都属于同一个范畴，剑阁还没有打开，长安的军队来不了，这些地方军队只是到处骚扰厮杀，但是吐蕃王朝的军队乘机打开松州的大门，从西山杀过来。漫山漫野的军队，到处杀人；内地的军队，自己相杀还忙不过来，顾不到西边人民的死活。也许有人还记得关东军占领东北的情况吧！"我的家在东北松花江上！"多少中国人民是流着热泪奏这些歌曲的！一千二百年以后又来一次痛苦的歌声。

夷界荒山顶，蕃州积雪边，筑城依白帝，转

粟上青天。蜀将分旗鼓,羌兵助铠铤,西南背和好,杀气日相缠。

辛苦三城戍,长防万里秋,烟尘侵火井,雨雪闭松州。风动将军幕,天寒使者裘,漫山贼营垒,回首得无忧。

子弟犹深入,关城未解围,蚕崖铁马瘦,灌口米船稀。辩士安边策,元戎决胜威,今朝乌鹊喜,欲报凯歌归。

——《西山三首》

吐蕃的军队破了松州,更向成都推进,情况紧急了。杜甫正在阆州,家属还在梓州。会不会在成都被围之中,或是陷落以后,吐蕃再向梓州推进?要是那个情况出现,怎么办呢?杜甫望着成都,同时更想到洛阳。

杜甫在这个楚歌四起的情况下,确实是有些前后失据了。要回洛阳,这条路怎样走?要到长安,万一碰上了吐蕃的军队,怎么办?当然最好是回成都了,但是成都城里是乱兵,而且是吐蕃大军的目标。他感到无路可走,我们也感到一个手无寸铁的文人,这时实在是无路

可走。这里有他《天边行》一首诗,诉说他的心理状态:

> 天边老人归未得,日暮东临大江哭,陇右河源不种田,胡骑羌兵入巴蜀。洪涛滔天风拔木,前飞秃鹙后黄鹄,九度附书向洛阳,十年骨肉无消息。

为什么是秃鹙?这是古代相传的贪恶之鸟。黄鹄高飞,一举千里。这一句所传达的是在贪恶之鸟的袭击下,鸟类都远走高飞了,这正写出在天宝十五载(756)到广德元年(763)这几年之间,中原人民受到巨大的创伤,在李隆基、李亨和安禄山、史思明这些祖传的或自封的皇帝的蹂躏和屠戮之下,死的死了,逃走的逃走了,留下了大片大片的无人地区,一切都完结了。兄弟骨肉都流亡了,没有消息了。杜甫只有对着大江号啕痛哭。

杜甫不是也有细腻的诗句么?当他到达梓州之初,在《春日戏题恼郝使君兄》里不是也曾说"细马时鸣金騕褭,佳人屡出董娇饶。东流江水西飞燕,可惜春光不相见,愿携王赵两红颜,再骋肌肤如素练"吗?这里可真是风光旖旎得很呢!然而不是,这是杜甫给人的假象。他在梓州、阆州、绵州这些地方打转的时候,他只得和这些地方的官老爷们随和随和，他的生活是噙着眼泪过的，所以他又说"强将笑颜供主人，休语艰难尚酣战"。

在这些军官们相斫的当中，到这年年底终于杀出了一个头头。这是章彝。他本来是严武的部下，由于他的武力，他在梓州附近的若干地方把地盘扩大了。当然他不甘心于梓州刺史这一类地方官，那么做个什么官呢？是不是还称梓州刺史？那又太小了，不够味。最后想起严武在的时候，把东川、西川合并在一处，在他未来之前原来是两个节度的，因此章彝自称东川节度；但是这还不妥，要称节度使总还要李姓王朝一条诏命，否则就是自封，也会惹是生非。总算章彝部下帮闲文人是有的，最后想出"留后"这一招。"留后"二字本来是由地方自封，待到诏书证实以后随时可去的，因此章彝自称"东川节度使留后"。有时为了行文简便，"留后"二字略去，那就是东川节度了。

这一招真是国手，一方面官到手了，不算冒充，而且没有挂上成都或剑南的名义，尽管吐蕃王朝随时有进攻成都的可能，但是成都有西川节度使，正好为东川抵御一下。章彝真是高兴，广德元年（763）的冬天还来一次大猎。

那时杜甫正在梓州，章留后派人找他做诗。杜甫这时已经够潦倒了,哪能想起给这位留后做诗呢?然而不得不做。

> 君不见东川节度兵马雄,校猎亦似观成功,夜发猛士三千人,清晨合围步骤同。禽兽已毙十七八,杀声落日回苍穹,幕前生致九青兕,驼驼罴峞垂玄熊。东西南北百里间,仿佛蹴踏寒山空。有鸟名鹡鸰,力不能高飞逐走蓬,肉味不足登鼎俎,胡为见羁虞罗中!春蒐冬狩侯得同,使君五马一花骢,况今摄行大将权,号令颇有前贤风。飘然时危一老翁,十年厌见旌旗红,喜君士卒甚整肃,为我回辔擒西戎。草中狐兔尽何益,天子不在咸阳宫,朝廷虽无幽王祸,得不哀痛尘再蒙,呜呼,得不哀痛尘再蒙!

——《冬狩行》

这首诗有叙述,有讽刺,有愿望,有哀痛,在杜甫集中确是一首好诗。鹡鸰是一种小鸟,既不能飞,又不足食,然而现在也在虞罗里了。这是谁呢?是不是杜甫自己?春蒐冬狩,是古代帝王之事,与诸侯无关,现在章彝进行冬狩了,当然杜甫是无法阻挡的。他只能说"俟得同",这是陈述呢,还是讽刺!"飘然时危"四句,直截坦率地把自己的观点提出,西山的吐蕃,那就由成都这一座城墙顶住吧,但是吐蕃的军队已经占领长安,并且树立了李承宏这位傀儡皇帝,代宗皇帝逃到陕县,长安人民遭到又一次的屠杀。这是梓州冬狩的时候吗?青兕、玄熊、鹚鹘、狐、兔,即使斩尽杀绝,无救于国家的危亡,人民的遭屠戮。然而这一位东川节度还在那里发号施令,纵兵大猎,这是为什么呢?杜甫的诗篇凝注着杜甫的血泪,然而哀痛者哀痛,纵乐者纵乐,两个不同的认识有两个不同的世界。

我们看来杜甫可以离开梓州了,然而回到哪里?是不是回成都?那里还多一重吐蕃的威胁。怎么办呢?到这时候才真看到书生是确实没有办法的。章彝对于杜甫是尊重的,他送给他桃竹杖,这是川中独有的一种竹竿,节很密,内心也是实的,很瘦很结实。杜甫看到桃竹杖,有《桃竹杖引赠章留后》一首,他提出"老夫复欲东南征,乘涛鼓枻白帝城。路幽必为鬼神夺,拔剑或与蛟龙争"。最后他说:

杖兮杖兮尔之生也甚正直,慎勿见水踊跃

第七章 公来雪山重，公去雪山轻

学变化为龙，使我不得尔之扶持，灭迹于君山湖上之青峰。噫，风尘颎洞兮，豺虎咬人，忽失双杖兮吾将曷从！

这是什么意思呢？我们理解到的是杜甫有决心去湖南，但是还没有定在哪一天，他唯恐这中间又有变化，使他不能不感到孤独。为什么要去湖南？因为长安沦陷，中原多乱，襄邓也不安全，江南又太辽远，那么离开巴蜀，只能去湖南了。这个心思，正和永嘉大乱的时候，中原人走向建康一样。杜甫诗里还有一层，就是他担心章彝的前途不是不会发生变故的。

这个时候，西边的危机还是不断地进袭。西川节度使高适是一位老将了，他是诗人，但是他对于当时的战事是有他的深刻认识的。吐蕃的大军，在矛头指向长安的时候，唐代宗只能逃到陕州，现在只剩半个剑南道，而且又当大乱以后，怎样经受得了？高适是爱谈王霸大略的，所以在他换任彭州刺史的时候，他上奏：

剑南虽名东西两川，其实一道。自邛关、黎雅，界于南蛮也。茂州而西，经羌中至平戎数城，界于吐蕃也。临边小郡，各举军戎，并取给于剑南。其运粮戍,以全蜀之力,兼山南佐之,而犹不举。今梓、遂、果、阆等八州分为东川节度,岁月之计,西川不可得而参也。而嘉、陵比为夷獠所陷,今虽小定,疮痍未平。又一年已来,耕织都废,而衣食之业,皆贸易于成都,则其人不可得而役明矣。今可税赋者成都、彭、蜀、汉州。又以四州残敝,当他十州之重役,其于终久,不亦至艰!又言利者穿凿万端,皆取之百姓,应差科者自朝至暮,案牍千重。官吏相承,惧于罪谴,或责之于邻保,或威之以杖罚。督促不已,逋逃益滋,欲无流亡,理不可得。比日关中米贵,而衣冠士庶颇亦出城,山南、剑南,道路相望,村坊市肆,与蜀人杂居,其升合斗储,皆求于蜀人矣。且田土疆界,盖亦有涯;赋税差科,乃无涯矣。为蜀人之计,不亦难哉!今所界吐蕃城堡而疲于蜀人,不过平戎以西数城矣,邈在穷山之巅,垂于险绝之末,运粮于束马之路,坐甲于无人之乡。以戎狄言之,不足以利戎狄;以国家言之,不足以广土宇。奈何以险阻弹丸之地而困于全蜀太平之人哉!恐非今日之急务也。国家若将已戍

第七章 公来雪山重,公去雪山轻

之地不可废,已镇之兵不可收,当宜即停东川,并力从事,犹恐狼狈,安可仰于成都、彭、汉、蜀四州哉!虑乖圣朝洗荡关东,扫清逆乱之意也。倘蜀人复扰,岂不贻陛下之忧?昔公孙弘愿罢西南夷、临海,专事朔方;贾捐之请弃珠崖以宁中土。谠言政本,匪一朝一夕。臣愚望罢东川节度以一剑南;西山不急之城,稍以减削,则事无穷顿,庶免倒悬。陛下若以微臣所陈有裨万一,下宰相廷议,降公忠大臣定其损益,与剑南节度终始处置。

这一篇章奏,见《旧唐书·高适传》,但是不见《高常侍集》。这一个主张,是完全正确的,整个国家的重心还不足支持吐蕃的进攻,要望以半个剑南道抵抗敌人,这实在是荒谬的,但是当时的朝廷和玄宗初年分国家为十道的情况不一样了。往年的中央充满信心,因此充实边区,即以边区制置外族。肃宗、代宗以后不是这样了,信心久已由于安史的叛乱而完全丧失了,他们怕外族,同样也怕边区,甚至连内部的地方区域也怕。节度使的官是依旧的,但是节度使管辖的区域在最多的时候,曾经达到五十余州,后来缩减为三州或二州。节度使管区的大小是和李姓王朝自信心的大小是成正比例的。

　　高适合并东、西两川统一指挥的原则是正确的,但是这和朝廷的信心是矛盾的。他的主张虽经提出,但是通不过,最后他的剑南西川节度使发表了,要他以西川的虚名,成都、彭、汉、蜀四州的兵力应付吐蕃的侵攻,这是一个不切实际的幻想。其结果是松、维、保三州完全失陷,大臣们认为他好言王霸大略,言过其实。这是一幕悲剧,可是在唐代诗人中,高适还是比较幸运的一位。

　　三州丧失了,成都受到威慑。怎么办呢?代宗是一个老好人,和他的祖父玄宗、父亲肃宗相比,更能通情达理。他看到责任不在高适而在中央王朝,因此把高适调回中央,任刑部侍郎,封渤海县侯,同时发表了严武的成都尹、剑南节度使。东、西两川重行合并起来,主要是为了集中力量,对付吐蕃王朝的进攻。对于剑南,这是一个极大的转变,对于杜甫,同样也是极大的转变。

　　杜甫是准备去湖南的,但是他的主意还拿不定。在吐蕃迫近长安,代宗出走陕州的时候,他在广德二年(764)有《伤春五首》,其中之一:

　　　　再有朝廷乱,难知消息真,近传王在洛,复
　　　道使归秦。夺马悲公主,登车泣贵嫔,萧关迷

第七章 公来雪山重,公去雪山轻

北上,沧海欲东巡。敢料安危体,犹多老大臣,岂无嵇绍血,沾洒属车尘。

吐蕃的进迫长安,以及代宗出走,长安沦陷,树立傀儡皇帝的事,在广德元年(763)。杜甫在这首诗里,说起要以满腔的热血,保卫大唐帝国的威严,这完全是真情实意,但是他自己正困守在梓州,一切只能托之空想。现在长安收复了,代宗也回到宫中,问题在于怎样收拾剑南的残局。

严武是一位干将,由于杜甫对他有深切的认识,因此决定不去湖南了。他热情地盼待故人的重来,有《奉待严大夫》诗一首:

殊方又喜故人来,重镇还须济世才,常怪偏裨终日待,不知旌节隔年回。欲辞巴徼啼莺合,远下荆门去鹢催,身老时危思会面,一生襟抱向谁开?

严武到达成都,已经即在眼前了。在他未到以前,他先行表请杜甫为参谋、检校工部员外郎。希望杜甫出仕,这本是严武原来的意图,所以他在第二次到成都时,就曾给他提出"莫倚善题鹦鹉赋,何须不着鹓鸰冠"。现在不容商量,在长安出发以前就曾为他上表。这一个检校官是推不了的。

　　杜甫在回到成都的途中,路经阆州。房琯在宝应二年,由汉州刺史,拜特进、刑部尚书。在房琯得到任命以后,他已经病了,照理是不妨待到病痊,再行上道的,但是他还是"君命召,不俟驾而行",匆促地上道,到得阆州,他实在不能再进了,只得在僧舍调养,八月死在这里。杜甫回成都的途中,经过阆州,有《别房太尉墓》诗一首:

　　　　他乡复行役,驻马别孤坟,近泪无干土,低空有断云。对棋陪谢傅,把剑觅徐君,惟见林花落,莺啼送客闻。

杜甫对于房琯是有知己之感的,房琯失败了,杜甫也连带受到贬斥,但是他对于房琯的友谊和感情,并没有因此而受到削弱。"近泪无干土,低空有断云",这是何等深厚的感情!杜诗能深刻动人,这是一个显见的例子。

　　杜甫接到严武的消息,他决定先回成都,有《将赴成

都草堂途中有作先寄严郑公五首》。这时严武的官衔已经由御史中丞升为御史大夫,封"郑国公"了。录两首:

常苦沙崩损药栏,也从江槛落风湍,新松恨不高千尺,恶竹应须斩万竿。生理只凭黄阁老,衰颜欲付紫金丹,三年奔走空皮骨,信有人间行路难。

锦官城西生事微,乌皮几在还思归,昔去为忧乱兵入,今来已恐邻人非。侧身天地更怀古,回首风尘甘息机,共说总戎云鸟阵,不妨游子芰荷衣。

"新松千尺"是想象之辞,"恶竹万竿"可能是实指,但这不能说明浣花草堂的外围有怎样的宽大,因为四川竹类的繁多,和江浙有所不同。江浙的竹竿是分株的,每根竹竿的株距六七寸、一两尺不等;四川的竹竿有一种是丛生的,一丛可能有二三十竿,因此即是"万竿",占的面积,不会大到同我们想象的一样。

到了草堂以后,一切都值得留恋,这里看到杜甫是一往情深的。他想到桃树,想到四松,想到水槛,想到破船,甚至想到南邻朱山人的水亭。一切都使他怀念,这是"执着"。唯有执着的人才有感情,才能写出沉着的诗篇。当然,也有一些诗人,把一切都看成行云流水,他爱这一个,也可以爱那一个,都可以写出秀丽的诗句,但是不沉着,没有真实的感情。杜甫的诗是以沉着为他的特色的。

杜甫的地位和以前不同了。以前他是成都的寓公,现在是剑南节度使的参谋,这就有了责任。他在《八哀诗·严武》中说:"记室得何逊,韬钤延子荆。"他在节度府中的地位是高的。最能表现他的才能的是他的那篇《东西两川说》。由于对当时的政治现实理解得很不够,同时对于唐人的语法结构理解也很不全面,因此一般人对于这篇作品是不够重视的。移录如次:

> 闻西山汉兵食粮者四千人,皆关辅山东劲卒,多经河陇幽朔教习,惯于战守,人人可用。兼羌堪战子弟向二万人,实足以备边守险,脱南蛮侵掠,邛雅子弟不能独制,但分汉劲卒助之,不足扑灭,是吐蕃凭陵本自足支也。摧量西山邛雅兵马,卒畔援形胜明矣。顷三城失守,罪在职司,非兵之过也,粮不足故也。

今此辈见阙兵马使，八州素归心于其世袭刺史，独汉卒自属裨将主之，窃恐备吐蕃在羌汉兵，小眤而衅隙随之矣。况军需不足，奸吏减剥未已哉。愚以为宜速择偏裨主之。主之势，明其号令，一其刑罚，申其哀恤，致其欢欣。宜先自羌子弟始。自汉儿易解人意，而优劝旬月，大浃洽矣。

仍使兵羌各系其部落，刺史得自教阅，都受统于兵马使。更不得使八州都管，或在一羌王，或都关一世袭刺史。是羌之豪族，发源有远近，世封有豪家，纷然聚藩落之议于中，肆予夺之权于外已。然则备守之根危矣，又何以借其为本，式遏雪岭之西哉？比羌族封王者，初以拔城之功得，今城失矣，袭王如故，总统未已，奈诸董攘臂何？王、尹之狱是已，由策嗣羌王，关王氏旧亲，西董族最高，怨望之势然矣。诚于此时，便宜闻上，使各自统领，不须王，区分易置。然后都静听取别于兵马使，不益元戎气壮，部落无语哉！纵一部落怨，获群部落喜矣。无爽！如此处分，岂惟邛南不足忧，八州之人愿贾勇复取三城不日矣。幸急择公所素谙明于将者,正色遣之。

獠贼内编属自久,数扰背亦自久,徒恼人耳,忧虑盖不至大。昨闻受铁券,爵禄随之,今闻已小动,为之奈何?若不先招谕也,谷贵人愁,春事又起,缘边耕种,即发精卒讨之甚易。恐贼星散于穷谷深林,节度兵马但惊动缘边之人,供给之外,未免见劫掠而还赁其地。豪俗兼有其地而转富。蜀之土肥,无耕之地,流冗之辈,近者交互其乡村而已,远者漂寓诸州县而已,实不离蜀也,大抵只与兼并豪家力田耳。但均亩薄敛,则田不荒,以此上供王命,下安疲人可矣。

豪族转安,是否非蜀。仍禁豪族受赁罢人田。管内最大,诛求宜约,富家办而贫家创痍已深矣。今富儿非不缘子弟职掌,尽在节度衙府州县官长手下哉?村正虽见面,不敢示文书取索,非不知其家处,独知贫儿家处。两川县令刺史有权摄者须尽罢免。苟得贤良,不在正授,权在进退闻上而已。

全篇共分五段,指出川边的具体情况:

第七章　公来雪山重，公去雪山轻

第一，当时的主要兵力是关辅山东劲卒。沿边的邛雅子弟这一支民兵力量本来也可以抵抗吐蕃的侵略。

第二，民兵力量由于没有兵马使，因此归心于他们的世袭刺史——后代称为土司。应当立即指定指挥官，调和当地民兵和边防部队，缩小差别。

第三，民兵由兵马使或刺史指挥，不隶属于当地的土司或世袭刺史。这里又指出羌族土司之中，西董族最高，由于和王、尹的矛盾剧烈转化，造成沿边之乱，必须择定人选，付以指挥全权，那就八州不足忧，三城不难复。

第四，沿边豪族，星散于穷谷深林，大肆兼并，其结果是土地荒芜，民不聊生。必须分配土地，使人民有田可耕，赋税也有着落。

第五，大地主和豪富的子弟都在州县衙门里影占身体，村长见面，不敢征收，因此一切负担落到贫民身上。必须罢免摄任官，另择贤良，申请中央任命，解决人民和豪富的矛盾。

从杜甫的这篇文章，我们看到他不仅是一个诗人，而且具有军事和行政的才能。当然这时只是第八世纪，我们不能用现代对于参谋工作的要求向一千二百年以前的杜甫提出。

对于剑南节度使执行职务的最大障碍是东川节度留后章彝。剑南东西两川已经合并,东川节度使就是障碍,何况只是留后,而且又是以骄横跋扈出名的章彝。严武在接见他的时候是有所准备的。一声令下,随即把章彝拿住,经不起大棒的敲扑,章彝身死,为剑南的统一指挥,扫清了道路。

杜甫在《八哀诗·严武》诗中把严武的治绩作出了最细致的抒写:

……诸葛蜀人爱,文翁儒化成,公来雪山重,公去雪山轻。记室得何逊,韬钤延子荆,四郊失壁垒,虚馆开逢迎。堂上指图画,军中吹玉笙,岂无成都酒,忧国只细倾。时观锦水钓,问俗终相并,意待犬戎灭,人藏红粟盈。……

"犬戎"当然指的是吐蕃。在这个大范围之内,和李姓王朝对立的是吐蕃王朝。这两个王朝间的角逐,西起巴尔喀什湖,中经青海湖,南至洱海。安史之乱以后,巴尔喀什湖的附近以及东至玉门的广大地区,吐蕃王朝已经认为是到手的果实了,李姓王朝一时也无力反击。中间青海湖东北、甘南和陕南的边境,虽然也是群山纵横,

第七章 公来雪山重,公去雪山轻

但是道路畅通,吐蕃王朝的兵力集中在这一点,准备随时拿下,进窥长安,在应手的时候,树立傀儡政权,作为吐蕃的工具。这一着吐蕃正在进行,而且不断地进行。至于川西、邛雅一带,这是第三个方面,吐蕃是在不断地进攻,但是由于地形的险阻,吐蕃多半是佯攻,并不准备扎硬寨,打死仗。严武第三次到达成都,正在这个情况之下。仗是有得打的,但是双方都不准备深入。"堂上指图画,军中吹玉笙",正是指的当时的情况。两个王朝在打仗,但是吐蕃还是自称为"甥",称李姓王朝为"皇帝舅"。大唐帝国是在这种情况下存在的。

青海湖东和湖南的广大山区,战伐的声音是不断高涨的,见于杜诗者如次:

> 黄河北岸海西军,椎鼓鸣钟天下闻,铁马长鸣不知数,胡人高鼻动成群。

> 黄河西岸是吾蜀,欲须供给家无粟,愿驱众庶戴君王,混一车书弃金玉。
>
> ——《黄河二首》

在吐蕃已经夺取安西、北庭的广大区域以后,他们军队里的高鼻胡人也许是有的,"成群"也不奇怪,但是主力军当然是吐蕃人,而吐蕃人并不高鼻,看来杜甫只是在节度衙门里办公,和实际是有距离的。

广德二年(764)六月,严武在节度使大营里置酒,大会宾客,观看骑士进行练兵,杜甫有《扬旗》诗:

> 江风飒长夏,府中有余清,我公会宾客,肃肃有异声。初筵阅军装,罗列照广庭,庭空六马入,骁骏扬旗旌。回回偃飞盖,熠熠迸流星,来缠风飙急,去擘山岳倾。材归俯身尽,妙取略地平,虹霓就掌握,舒卷随人轻。三州陷犬戎,但见西岭青,公来练猛士,欲夺天边城。此堂不易升,庸蜀日已宁,吾徒且加餐,休适蛮与荆。

从这里我们可以看到大唐疆域的广大,和玄宗初年建置十道的用意。十道是十个扩大的军事区域。在这个区域里,节度使由李姓王朝任命,接受李姓王朝的指示,保卫广大的地区,有直接的指挥权,在不违反中央的指示下,可以自由布置,进行军事活动。玄宗时代的对外发展和这一次严武对于吐蕃的作战,都是这个制度的优异成绩。但是安史之乱也是这个制度的产物,那是由

第七章 公来雪山重,公去雪山轻

于玄宗对于安禄山的过度信任,由他身兼三节度,军力过于庞大,以致引起他夺取中央,自行树立新王朝的欲望。

严武到任后,建立军队,终于打败吐蕃,取得优异的成绩。当然这是由于吐蕃对于川西的布置只是用以牵制甘南、陕南的李姓王朝大军,他们的主力并不在这里,因此严武在这年九月间破吐蕃七万余众,拔当狗城,遂收盐川城。当然,这不是什么辉赫的战果,但是吐蕃的可以击溃得到了证实。

严武有《军城早秋》诗一首:

　　昨夜秋风入汉关,朔云边雪满西山,更催飞将追骄虏,莫遣沙场匹马还。

杜甫也有《奉和严郑公军城早秋》诗一首:

　　秋风袅袅动高旌,玉帐分弓射房营,已收滴博云间戍,欲夺蓬婆雪外城。

吐蕃嚣张的气氛是开始摧毁了,但是杜甫对于幕僚官的兴味也开始低落。作为一位诗人,幕府的生涯是拘束无味的,何况严武比自己小了十多岁,更感觉到无从伺候。好官不怕没人做,年轻人多的很,杜甫在初次有了一些成绩以后,已经觉得兴趣索然了。

这件事当然不能责怪严武,因为主帅和幕僚官是有一定距离的,至于年龄的不同,不能由严武负责;但是更不能责怪杜甫,因为诗人本来不是幕僚的材料。"记室得何逊"是确实的,但是何逊只是做几首诗、几篇文章,用不到从早到晚,在幕府里趋跄。所以这里不是杜甫和严武之间的问题,而是诗人和幕僚之间的问题。杜甫也曾有诗:"白鸥没浩荡,万里谁能驯!"这个"驯"字下得最妙。诗人是"驯"不了的,这就为杜甫的脱离幕府,作出了一个最好的结论。

杜甫在诗篇里,多次把这入幕出幕的情况写得淋漓尽致:

> 清秋幕府井梧寒,独宿江城蜡炬残,永夜角声悲自语,中天月色好谁看。风尘荏苒音书绝,关塞萧条行路难,已忍伶俜十年事,强移栖息一枝安。

——《宿府》

第七章 公来雪山重,公去雪山轻

……束缚酬知己,蹉跎效小忠,周防期稍稍,太简遂忽忽。晓入朱扉启,昏归画角终,不成寻别业,未敢息微躬。乌鹊愁银汉,驽骀怕锦幪,会希全物色,时放倚梧桐。

——《遣闷奉呈严公二十韵》

种竹交加翠,栽桃烂漫红,经心石镜月,到面雪山风。赤管随王命,银章付老翁,岂知牙齿落,名玷荐贤中。

扶病垂朱绂,归休步紫苔,郊扉存晚计,幕府愧群材。燕外晴丝卷,鸥边水叶开,邻家送鱼鳖,问我数能来。

——《春日江村五首(三、四两首)》

男儿生无所成头皓白,牙齿欲落真可惜,忆献三赋蓬莱宫,自怪一日声烜赫。集贤学士如堵墙,观我落笔中书堂,往时文采动人主,此日饥寒趋路傍。晚将末契托年少,当面输心背面笑,寄谢悠悠世上儿,不争好恶莫相疑。

——《莫相疑行》

> 孔雀未知牛有角,渴饮寒泉逢抵触,赤霄玄圃须往来,翠尾金花不辞辱。江中淘河吓飞燕,衔泥却落羞华屋,皇孙犹曾莲勺困,鲍庄见贬伤其足。老翁慎莫怪少年,葛亮贵和书有篇,丈夫垂名动万年,记忆细故非高贤。
>
> ——《赤霄行》

从这一系列的诗篇里,我们看到幕府的生活不是杜甫受得了的。办公要有规程,清晨入府,昏黑下班,有时还要在夜间值班,这已经办不了。然而不仅于此。办公室里有的是青年人,对于这位衰年的诗人,是看不上眼的,他们评头量足,有时还要在严武面前说一些不中听的话。这就苦了杜甫。

但是杜甫还尽量说服自己,他认为这是自己的了解不够,诸葛亮还贵和呢,何况自己。他尽量贬低自己,认为受一些委屈是应该的。他甚至指出这是"饥寒趋道傍",应当忍耐。在饥寒交迫的时候,即使是诗人,也应当认为这是命运,不能计较。自己的命运在将来,甚至在万年的后世,在目前只应当逆来顺受,不应当记忆细故。

第七章 公来雪山重,公去雪山轻

是不是这就解决问题呢?不能。对于这位五十多岁的诗人,大家早已厌倦了,但是也无可奈何。当然,杜甫对于他们也是无可奈何。主要的关键还在严武。

严武是一位干才,一位大将,但是在教养方面,他还是不够。即就他对于章彝这件事而论,章彝的专权自擅,确实有可杀之罪,但是未经一定的合法手续,当地杖死,正看到严武的缺乏教养。同时我们也得了解唐代的幕僚和清代的幕僚不同。唐代的幕僚是官,是长官的下属;清代的幕僚不是官,是长官的宾客。无论长官所受的教养如何,对于下属和宾客的区别,他多少总能理解一些。不幸的是杜甫生在那个时代,即使他长于严武十余岁,而且曾经同是一殿之臣,但是既是他的下属,他的处境就十分困难了。

最后他只有辞去幕僚的工作,在永泰元年(765)正月三日退回浣花溪草堂。《正月三日归溪上有作简院内诸公》说:

> 野外堂依竹,篱边水向城,蚁浮仍腊味,鸥泛已春声。药许邻人斸,书从稚子擎,白头趋幕府,深觉负平生。

幕僚的工作辞去了，工部员外郎本来是检校官，一条空衔，丢掉原不足惜。倘使还有什么可挂念的，这是严武的友谊。但只是这一点，问题也不大。不久以后，死亡的命运落到杜甫的知交头上。

正月间高适死了，他的噩耗是从长安来的。

归朝不相见，蜀使忽传亡，虚历金华省，何殊地下郎。致君丹槛折，哭友白云长，独步诗名在，只令故旧伤。

——《闻高常侍亡》

高适虽然不是房琯这一系，但是杜甫和他的认识，还在房琯以前，他的哀伤是可想而知的。

更可伤的是严武不久也死了。这是一位雄才，在他第三次到成都的当中，把西南大局安定下来。现在他也死了。后来杜甫在《八哀诗》里说起：

……颜回竟短折，贾谊徒忠贞，飞旐出江汉，孤舟转荆衡。虚横马融笛，怅望龙骧茔，空余老宾客，身上愧簪缨。

第七章 公来雪山重,公去雪山轻

在严武的遗体由长江转入长安的时候,杜甫有《哭严仆射归榇》诗:

> 素幔随流水,归舟返旧京,老亲如宿昔,部曲异平生。风送蛟龙雨,天长骠骑营,一哀三峡暮,遗后见君情。

严武的遗体回去了,巴蜀的动乱又一次扩散开来,杜甫本来准备离开巴蜀,现在他决定走了,但是到哪里去呢?他的办法是走一步看一步。动乱已经在眼前了,但是杜甫的方向还没有拿定。

第八章　云安有杜鹃

（765—766）

　　严武第三次到成都，主要是由于川中大乱，吐蕃入侵。在这短短的一年之中，川中安定下来，同时吐蕃也退出边境，这一切应当归功于严武。但是在这一年之后，严武死了，川中的大乱重新开始。尚书右仆射郭英义在宰相元载和他的弟弟都知兵马使郭英干的支持下，取得了成都尹、剑南节度使。同时在川西和吐蕃作战的西山都知兵马使崔旰又表请以大将王崇俊为节度使。斗争重新开始。英义出兵攻击崔旰，崔旰退入深山。天寒大雪，英义直前追击，部下冻死者数百人。崔旰出兵接战，英义大败，退回成都。崔旰进逼成都，英义以柏茂琳为前军，郭英干为左军，郭嘉琳为右军，再一次和崔旰接战。英义的军队大败，只身逃到简州，为简州刺史韩澄所杀。战事蔓延下来，川西和川南造成了一片大混乱。

杜甫从秦州进入成都的时候,本来想在成都安家,现在成都又是兵马混乱,他只有放弃浣花溪草堂,重行过他的流浪生活。到哪里去呢?他只觉得前途是一片漆黑,他不知道应当到哪里去,也不知道怎样去。老夫妇带着一群子女拥挤在一条船上,他把命运付托给小船,没有一些打算。他写了《旅夜书怀》一诗:

> 细草微风岸,危樯独夜舟,星垂平野阔,月涌大江流。名岂文章著,官应老病休,飘飘何所似,天地一沙鸥。

杜甫已经到了走投无路的时候了。文章也写,诗歌也写,但是在这茫茫一片的江上,向上是灿烂的群星,向下是一江的皓月,而自己呢,正是走投无路,不知道到哪里去,也实在没有可去的地方。自己是天地之间的一只沙鸥,荒寂、孤独,天地虽大,栖身无所。这是一首平凡的诗篇,但是杜甫在这里把自己完全放进去,确实是他的写真。

当然,寂寞的荒江不是藏身之所,他还得在没有方向的当中放船前进。

> 收帆下急水，卷慢逐回滩，江市戎戎黰，山云滒滒寒。荒林无径入，独鸟怪人看，已泊城楼底，何曾夜色阑。

——《放船》

船开了，但是杜甫的心境还是十分沉重。川江行船，旧例是中夜停泊，破晓开船。所以最后的两句，不是写景，而是写心境的痛苦。这里有山有市，有林有鸟，在心境舒畅的时候，不是没有赏心悦目的所在，但是从杜甫的眼中看，只是市黰云寒，林荒鸟怪，特别是那鸟，既然孤独，应当在看到人踪的时候，感到一丝的温暖，但是见到舟人相看的时候，只是诧异，是厌恶，人和人之间既然没有一丝的温暖，人和鸟之间更是无端的仇视。

在荒寒的当中，这条小船开帆了；在荒寒的当中，这条小船又收帆了。船上是这一位生意萧索的诗人和他一家的妻儿。但是最后终于到达云安县，在这寂寞的小城里，杜甫暂时住下。

这里有他的亲友郑十七、郑十八、常徵君，这些人的大名都没有留下，留下的是他们和杜甫的友谊。重九这一天，郑十八居然携酒来访，约同杜甫共消重阳的佳节。

> 寒花开已尽，菊蕊独盈枝，旧摘人频异，轻香酒暂随。地偏初衣夹，山拥更登危，万国皆戎马，酣歌泪欲垂。
>
> ——《云安九日郑十八携酒陪诸公宴》

这首诗的结句，实在是非常扫兴，但这是当时的现实，在到处沉痛的当中，要酣歌是酣歌不来的。有人也许觉得杜甫太伤感了。是的，是很伤感，但是在痛苦纠缠的当中，你能高兴吗？可能有人能做得到。杜甫何尝不想酣歌，但是酣歌未竟，双泪欲落，这是当时的实境给他的痛苦。

最能记录当时川中的痛苦的，有这几首：

> 前年渝州杀刺史，今年开州杀刺史，群盗相随剧虎狼，食人更肯留妻子。

> 二十一家同入蜀，惟残一人出骆谷，自说二女啮臂时，回头却向秦云哭。

> 殿前兵马虽骁雄，纵暴略与羌浑同，闻道杀人汉水上，妇女多在官军中。
>
> ——《三绝句》

从这几首诗看,当时的川中是怎样的一个世界!少数民族杀,官军也杀,甚至从长安来的殿前军队也杀,杀了男人,留下了妇女,作为"胜利"的果实。甚至二十一家的集体,因为秦中兵乱,逃到川中,现在川中兵乱了,只剩一人独行逃出骆谷。啮臂的二女哪里去了?当然也到官军中去,成为受侮辱受奴役的人。

杜甫逃出了成都,这时又重新怀念成都:

军旅西征僻,风尘战伐多,犹闻蜀父老,不忘舜讴歌。天险终难立,柴门岂重过,朝朝巫峡水,远逗锦江波。

万里桥南宅,百花潭北庄,层轩皆面水,老树饱经霜。雪岭界天白,锦城曛日黄,惜哉形胜地,回首一茫茫。

——《怀锦水居止二首》

人生的艰苦是无边无涯的。在杜甫没有离开成都时,他的中心思想是离开成都,快一些,更快一些。现在已经离开成都了,他又重新怀念成都。为什么会有这样

第八章 云安有杜鹃

的矛盾？浣花溪的百亩清阴，万竿绿竹和四株小松，能引起他的缅想吗？不是。成都有的是兵乱，他不得不离开成都，但是一经离开成都，他看到的到处是兵乱，于是他不得不重新怀念成都。人生已经到了最后关头。除了死，他不能不怀念较好一些的境界；但是在死亡到了面前的时候，他不得不晕头转向，寻找一个比死略好的所在。

但是杜甫对于云安还是有好感的。好在哪里？好在有杜鹃。不久以后，他到夔州，有《杜鹃》诗一首：

> 西川有杜鹃，东川无杜鹃，涪万无杜鹃，云安有杜鹃。我昔游锦城，结庐锦水边，有竹一顷余，乔木上参天。杜鹃暮春至，哀哀叫其间，我见常再拜，重是古帝魂。生子百鸟巢，百鸟不敢嗔，仍为喂其子，礼若奉至尊。鸿雁及羔羊，有礼太古前，行飞与跪乳，识序如知恩。圣贤古法则，付与后世传，君看禽鸟情，犹解事杜鹃。今忽暮春间，值我病经年，身病不能拜，泪下如迸泉。

杜鹃是什么？杜鹃是中央王朝的象征。西川奉中央的号令,东川不奉中央的号令,所以说:"西川有杜鹃,东川无杜鹃。"再从州县的系统看,涪万不奉中央号令,云安奉中央的号令,所以说:"涪万无杜鹃,云安有杜鹃。"杜甫在这个下州小县,孤舟一叶之中,还是怀念长安。长安有什么值得怀念的呢?长安是中央,即使在开边好战的玄宗、放弃西北的肃宗、懦弱无能的代宗这祖孙三代之下,依然是威望的源泉,法度的准则,因此杜甫不能不怀念长安,也就是说不能不怀念杜鹃。"我见常再拜,重是古帝魂",杜甫的依恋,正见到杜甫的执着,也就是杜甫的忠厚。是不是可以撇开当时的王朝,树立新的中央,杜甫没有这样的认识,也没有这样的气魄。在阶级关系没有深刻变化时,从这个中央换成那个中央,在交替中要用鲜血净洗旧王朝的积垢,但是转瞬之间又变成新王朝的污染,这是每个读过历史的人共有的认识。

  云安是比较安定的,但是荒江小县,杜甫是在这里安顿不了的。永泰二年(766)的春天,他再行东下,直到夔州。云安的小住只是一个插曲。

第九章　故园不可见，巫峡郁嵯峨

(766—768)

永泰二年(766)三月杜甫从云安东下夔州，大历三年(768)正月出峡，在夔州住了不到二年的时间。

二年之中，他的诗再一度达到了高峰，为后代留下极好的作品。

我们可以说杜诗有两次高峰，第一次从《自京奉先县咏怀五百字》起到《同谷七歌》为止。在这一段时间里他经历安史之乱的初期，看到李姓王朝的开始瓦解，但是对于瓦解的实质，他还不甚理解，他只见到瓦解中人民的痛苦，他极端同情人民，把自己和人民等同起来，人民的痛苦就是他的痛苦，他是人民中的一员，他的诗也就成为人民的诗。现代人对于杜甫的推崇，主要是推崇这一阶段中的作品。

永泰二年到达夔州以后，杜甫对于当时的现实理解得更多了,他的生活并不比他在第一次高峰中有所好转,但是他完全倚靠当时的小军阀,和人民反而疏远了。他以十倍的力量作诗,不仅仅是因袭而且有所创造,有所收获,在多种体裁方面都开辟了新路,但是他的生活,无论如何艰苦,无论如何同情人民,究竟和人民有了距离。这就说明了第二度的高峰和第一度的高峰是有所不同的。

从近代的唐诗选本看,《诸将五首》《秋兴八首》《咏怀古迹五首》《壮游》《遣怀》《夔府书怀四十韵》这些诗是经常入选的;但是现代的选本却更加注重《奉先咏怀》《北征》《三吏》《三别》,这些诗也是经常入选的。这就是说以前的选家重视杜甫作品的艺术性,而现代的选家重视作品的思想性。时代不同了,因此对于杜甫的衡量也不同,不同的时代有不同的看法。

为什么杜甫到了夔州以后,他在思想性方面比以前差了呢?这主要是由于他的生活和人民有了距离。这不是说他脱离了人民,而是他在痛苦之中更多地考虑到自己的遭遇。

最后一次脱离成都的时候,主要是为了逃难,为了脱离现实。他在云安耽搁了一下,但是云安是不能久居的,于是他前进到夔州。剑南久已成为群盗纵横的世

第九章 故园不可见，巫峡郁嵯峨

界，他不想再耽搁了，这才想起沿江东下，事实上在当时的交通情况下，除了沿江东下，他是没有第二条出路的。

到了夔州，他结识了当地的小军阀柏茂琳。严武逝世的时候，郭英义和崔旰两部火并起来，当时郭英义部下就是以柏茂琳为前锋的，英义被杀以后，杜鸿渐以宰相为成都尹兼剑南节度使，他一经到任，首先是把崔旰、柏茂琳都安排了，这是茂琳担任邛南防御使的由来。当时的邛南领夔、峡、忠、归、万五州，以夔州为防御使所在地。实际上柏茂琳只是一个小军阀，割据了川楚交界的五州。柏茂琳对杜甫是熟悉的，因此在杜甫到达的时候，还是礼遇周到，最初让他住白帝城的西阁，以后移居瀼西，再由瀼西移居东屯，给田四十亩。这些田大约是在兵荒之中，人民逃亡抛荒的，因此柏茂琳是惠而不费，杜甫是劳而有功，他的生活来源，主要还是出于茂琳。杜甫在离开夔州以后，有《秋日荆南述怀三十韵》，他说：

……望帝传应实，昭王问不回。蛟螭深作横，豺虎乱雄猜，素业行已矣，浮名安在哉！琴乌曲怨愤，庭鹤舞摧颓。秋水漫湘竹，阴风过岭梅，苦摇求食尾，常曝报恩腮。结舌防谗柄，探肠有祸胎，苍茫步兵哭，展转仲宣哀。饥藉家家米，愁征处处杯,休为贫士叹,任受众人哈。……

这首诗是在荆州作的,是夔州东向的头站。诗中说起"展转仲宣哀",这就是说诗中所指有荆州,同时更有夔州。杜甫说起"苦摇求食尾,常曝报恩腮",这两句很容易引起不知者的嗤笑,但是更多的是识者的同情。在柏茂琳的刀光剑影下,杜甫一家老小,走也走不了;囊空如洗,活又活不下。他只有仰赖柏茂琳的恩施和安排,才能等待下一步的实现。"苦摇求食尾,常曝报恩腮",两句之中,包含着无限的涕泪。

杜甫初到夔州的时候,还是兴趣盎然的。

伏枕云安县,迁居白帝城,春知催柳别,江与放船清。农事闻人说,山光见鸟情,禹功饶断石,且就土微平。

——《移居夔州郭》

依沙宿舸船,石濑月娟娟,风起春灯乱,江鸣夜雨悬。晨钟云岸湿,胜地石堂烟,柔橹轻鸥外,含凄觉汝贤。

——《船下夔州郭宿雨湿不得上岸别王十二判官》

第九章 故园不可见,巫峡郁嵯峨

杜甫到达夔州,最初寄寓白帝城,所作诸诗都和白帝城有关:《上白帝城》《上白帝城二首》《陪诸公上白帝城头宴越公堂之作》。此外又有若干与诸葛亮有关的作品:《武侯庙》《八阵图》《谒先主庙》《诸葛庙》《古柏行》。对公孙述,他有不少的赞叹:

公孙初恃险,跃马意何长。

——《上白帝城》

勇略今何在,当年亦壮哉。

——《上白帝城二首》

对诸葛亮和刘备,他的赞叹更具体:

遗庙丹青古,空山草木长,犹闻辞后主,不复卧南阳。

——《武侯庙》

功盖三分国,名成八阵图,江流石不转,遗恨失吞吴。

——《八阵图》

惨澹风云会,乘时各有人,力侔分社稷,志屈偃经纶。复汉留长策,中原仗老臣,杂耕心未已,呕血事酸辛。霸气西南歇,雄图历数屯,锦江元过楚,剑阁复通秦。……迟暮堪帷幄,飘零且钓缗,向来忧国泪,寂寞洒衣巾。

——《谒先主庙》

久游巴子国,屡入武侯祠,竹日斜虚寝,溪风满薄帷。君臣当共济,贤圣亦同时,翊戴归先主,并吞更出师。虫蛇穿画壁,巫觋缀蛛丝,欻忆吟梁父,躬耕也未迟。

——《诸葛庙》

孔明庙前有老柏,柯如青铜根如石,霜皮溜雨四十围,黛色参天二千尺。君臣已与时际会,树木犹为人爱惜,云来气接巫峡长,月出寒通雪山白。忆昨路绕锦亭东,先主武侯同閟宫,崔嵬枝干郊原古,窈窕丹青户牖空。落落盘踞虽得地,冥冥孤高多烈风,扶持自是神明力,正直元因造化工。大厦如倾要梁栋,万牛

第九章　故园不可见，巫峡郁嵯峨

回首邱山重，不露文章世已惊，未辞剪伐谁能送。苦心岂免容蝼蚁，香叶终经宿鸾凤，志士幽人莫怨嗟，古来材大难为用。

——《古柏行》

关于公孙述勇略的赞叹，已经出人意外，关于刘备和诸葛亮的歌颂，那更是意想不到的。为什么杜甫到了夔州歌颂不已呢？杜甫自言"许身一何愚，自比稷与契"，这说明他的才高志远，为什么到了夔州，歌颂割据一方的公孙述、刘备、诸葛亮呢？当然，当时的柏茂琳只是一位小小的军阀，还谈不上割据；即是严武，他的志愿只是在巴蜀立功，为他日后回到长安掌握政权作一个基础，也谈不到割据，那么杜甫的歌颂究竟为了什么？

这里必须联系当日的情势，在这个杀人如麻的时代，"二十一家同入蜀，惟残一人出骆谷"的时代和地区，杜甫已经不能不属望于保安一方的英雄了。时代已经进入大混乱的当中，每个人的要求必然会起一定的变化，杜甫的歌颂也必然受到时代的影响。

大乱正在蔓延，巴蜀内部的斗争，吐蕃军队的侵略，大小军阀的混战,地方官吏的搜刮,四川盆地已经不是盆地而是火坑,煎熬着论千论万的人民。杜甫在小军阀的庇荫下,找到摇尾求食的场所,但是他忘不了苦难中的人民。

  白帝城中云出门,白帝城下雨翻盆,高江急峡雷霆斗,古木苍藤日月昏;戎马不如归马逸,千家今有百家存,哀哀寡妇诛求尽,恸哭秋原何处村。
         ——《白帝》

  ……楚老长嗟忆炎瘴,三尺角弓两斛力,壁立石城横塞起,金错旌竿满云直。渔阳突骑猎青丘,犬戎锁甲围丹极。八荒十年防盗贼,征戍诛求寡妻哭,远客中宵泪沾臆。
         ——《虎牙行》

  在这个天下大乱之中,最受到痛苦的还是人民,人民处在社会的最底层,一切皇帝、官吏、将帅、盗贼、敌人等等的压迫,最后都落到人民的头上。在这种痛苦的当中,最能喊出人民的痛苦的是元结的《舂陵行》。杜甫一看到这首诗,立即作了《同元使君舂陵行》,他在小序中说:"当天子分忧之地,效汉朝良吏之目,今盗贼未息,知民疾苦,得结辈十数公落落然参错天下为邦伯,万物吐气,天下少安可待矣。"诗中说起:

……何时降玺书,用尔为丹青,狱讼永衰息,岂惟偃甲兵。凄恻念诛求,薄敛近休明,乃知正人意,不苟飞长缨。

在《赠崔十三评事公辅》里说:"分军应供给,百姓日支离,黠吏因封己,公才或守雌。"在《贻华阳柳少府》里说:"俱客古信州,结庐依毁垣,相去四五里,径微山叶繁。时危挹佳士,况免军旅喧,醉从赵女舞,歌鼓秦人盆。子壮顾我伤,我欢兼泪痕,余生如过鸟,故里今空村。"在《昼梦》更说得具体:

二月饶睡昏昏然,不独夜短昼分眠,桃花气暖眼自醉,春渚日落梦相牵。故乡门巷荆棘底,中原君臣豺虎边,安得务农息战斗,普天无吏横索钱。

从这些诗句里,我们清楚地看到安史之乱的结束并不意味着中原的安定,而是大乱的开始。基层人民所有的命运只是受剥削和屠杀。就是这样的杀、杀、杀,无穷无边的苦难正扑到人民的头上。作为诗人,杜甫感受得更切实,更惨痛,但是有什么用呢?杜甫不是一个革命者,他不可能想到怎样去鼓动人民、领导人民对于压迫者和剥削者进行顽强的斗争,抱着不怕牺牲的壮志,争取必然胜利的到来。

但是杜甫还要生存,于是他唯有依靠夔州的小军阀柏茂琳,在他的刀头上舐血。当然这是可耻的,杜甫也不是不知道这样的耻辱。在他诗中说起"苦摇求食尾,常曝报恩腮",他明明知道这是可耻,是对于自己的侮辱,对于人性的侮辱,然而他竟做了。切实一些,他并没有亲手去做剥削人民、屠杀人民的事,然而他所倚靠的正是剥削人民、屠杀人民的人。他清清楚楚地知道,然而他却是这样做了。社会的无情,历史的无情,对于一位原来同情人民关怀人民,甚至同人民过着同样生活、怀着同样感情的人,现在给他这样一个地位,历史是何等的无情、何等的残酷!

杜甫到达夔州不久,就有了一群奴仆,有獠奴阿段,有隶人伯夷、辛秀、信行,有女奴阿稽等。他们不可能是

第九章　故园不可见,巫峡郁嵯峨

杜甫从成都带来的,因为他诗中一向没有提到。他们是夔州的官奴,由柏茂琳派来的。柏茂琳不但给地、给奴隶,有时还派园官送瓜、送菜。这批奴隶当然是很得用的。他们为杜甫摘苍耳,摘芜菁,更重要的是为杜甫修引水竹筒。杜甫有《示獠奴阿段》诗:

> 山木苍苍落日曛,竹竿袅袅细泉分,郡人入夜争余沥,竖子寻源独不闻。病渴三更回白首,传声一注湿青云,曾惊陶侃胡奴异,怪尔常穿虎豹群。

更重要的是伐木筑篱,杜甫也有《课伐木》诗并序:

> 课隶人伯夷、辛秀、信行等入谷斩阴木,人日四根止,维条伊枚,正直挺然,晨征暮返,委积庭内。我有藩篱,是缺是补,载截筱簜,伊仗支持,则旅次于小安。山有虎知禁,若恃爪牙之利,必昏黑撑突。夔人屋壁,列树白荈,镘为墙,实以竹,示式遏。为与虎近,混沦乎无良。宾客忧害马之徒,苟活为幸,可默息已。作诗示宗武诵。
>
> 长夏无所为,客居课奴仆,清晨饭其腹,持斧入白谷。青冥曾巅后,十里斩阴木,人肩四

> 根已,亭午下山麓,尚闻丁丁声,功课日各足。苍皮见委积,素节相照烛,藉汝跨小篱,当仗苦虚竹。空荒咆熊罴,乳兽待人肉,不示知禁情,岂惟干戈哭。城中贤府主,处贵如白屋,萧萧理体净,蜂虿不敢毒。虎穴连里闾,堤防旧风俗,泊舟沧江岸,久客慎所触。舍西崖峤壮,雷雨蔚含蓄,墙宇资屡修,衰年怯幽独。尔曹轻执热,为我忍烦促,秋光近青岑,季月当泛菊,报之以微寒,共给酒一斛。

除了这些以外,还有行官张望,这是柏茂琳派来为杜甫指导栽稻的,杜甫派女奴阿稽和竖子阿段对他进行慰问。

杜甫在瀼西有稻田,有甘林。但是住了不多久,迁居到赤甲。为什么要去,他自己也说不清楚,只是在《入宅三首(之二)》中说:

> 乱后居难定,春归客未还,水生鱼复浦,云暖麝香山。半顶梳头白,过眉拄杖斑,相看多使者,一一问函关。

第九章 故园不可见,巫峡郁嵯峨

这里看得很清楚,无论女奴、獠奴,其实都是柏茂琳派来的官隶,无论瀼西、东屯、赤甲,其实都是在官的荒田,无论杜甫对于柏茂琳怎样的感恩戴德,其实柏茂琳连一座比较近情的住宅都没有给,他还得自己设法在官家的破屋里树篱挂壁。从柏茂琳的眼光看,杜甫可能还不至于是下客,但是他绝不是上客,最多只是接近下客边缘的中客而已。五十出外的一代诗人在这个环境中,已经是兴趣阑珊,半头的白发,过眉的拄杖,看来只是奄奄一息的老朽,他对于东屯、赤甲、瀼东、瀼西、白帝城、西阁并没有什么留恋。他所关心的只是哪一天回到长安和洛阳。衰年的稽苦,毕生的流荡,正在折磨着这一位第八世纪的最大的诗人。天啊,你为他安排着怎样的生活!

但是柏茂琳并没有放过这一位中客。李姓王朝到了代宗,实际上可怜得很,比肃宗时代更不如了。玄宗时代是一个真正的大唐帝国,安史大乱以后,肃宗即位,放弃西北,版图只剩得一半,但是他对于华北,尽管安禄山、史思明在那里称王称帝,肃宗并没有放弃。到得代宗,更可怜了,尽管华北的安史余孽相率投降,实际上是独立的政权,代宗无权干预,甚至如柏茂琳这一个小小的军阀,代宗也得不断地对他表示好感,加官加爵。柏茂琳对于这些诰封轴子还是有一定的兴趣。在他进为御史中丞的时候，杜甫有一篇《为夔府柏都督谢上表》。他在表中说起：

>　　……伏以陛下君父任使之久，掩臣子不逮之过，就其小效，复分深忧，察臣剑南区区恐失臣节如彼，加臣频烦阶级镇守要冲如此。勉励疲钝，伏扬陛下之圣德，爱惜陛下之百姓，先之以简易，闲之以乐业，均之以赋敛，终之以敦劝，然后毕禁将士之暴，弘洽主客之宜，示以刑典难犯之科。宽以困穷，计无所出，哀今之人，庶古之道。内救茕独，外攘师寇，上报君父曲盖庸拙之分，下循臣子勤补失坠之目。灰粉骸骨，以备守官，伏惟恩慈，胡忍客易。愚臣之愿也，明主之望也。……

都督只是外官，御史中丞是正四品的大官，虽然是虚衔，但是已经值得柏茂琳的羡慕，当时的李姓王朝只有凭这一条虚衔笼络这些带兵的强盗。杜甫在诗作中也是一再地歌颂柏茂琳。他的篇目有：《觅柏中丞兼子侄数人除官制词因述父子兄弟四美载歌丝纶》《觅镜呈

第九章 故园不可见,巫峡郁嵯峨/

柏中丞》《陪柏中丞观宴将士二首》《奉送蜀州柏二别驾将中丞命赴江陵起居卫尚书太夫人,因示从弟行军司马位》。

《览镜呈柏中丞》里说起自己"胆销豺虎窟,泪入犬羊天",是好句,说尽了自己的艰苦和生活的沉痛,这里正是杜甫的特长。可是在《奉送柏二别驾》诗里却说到柏茂琳和荆南节度使卫伯玉的母亲"迁转五州防御使,起居八座太夫人",这实在不是诗而是乞丐口中的莲花落。什么东西使这位盖世的诗人堕落成为新兴军阀的帮闲,实在是一件不可思议的事情。让我们把这首诗重新细读一下:

> 中丞问俗画熊频,爱弟传书彩鹢新,迁转五州防御使,起居八座太夫人。楚宫腊送荆门水,白帝云偷碧海春,与报惠连诗不惜,知吾斑鬓总如银。
> ——《奉送蜀州柏二别驾将中丞命赴江陵起居卫尚书太夫人,因示从弟行军司马位》

对于这样的生活,杜甫接受了,然而是痛恨的。"求食尾","报恩腮",这里充满了悲痛和愤恨。倘使我们认为杜甫甘心接受了这样的生活,那是错误的。他在夔州二年不足就扁舟东下,正是具体地证实他是如何地急于脱离这个地方。

就在这个时期,他正在积蓄力量在诗作中争取进入第二个高峰。这个高峰是多方面的。在七古、七律和排律方面他都做出极大的成绩。一切工作都必须经过一个有所屈而后才能有所伸。"尺蠖之屈以求伸也",这一句成语曾经受到不少的揶揄,但这是种自然现象,是不能否定的。搞武术的,搞书法的都有一个以屈求伸的经过,这是事实,也是不能否定的。杜甫在未能东下以前,屈居夔州,争取诗歌中的新成就,这正是杜甫追求艺术境界的一种表现。

在他的七古中,可以举出《荆南兵马使太常卿赵公大食刀歌》和《观公孙大娘弟子舞剑器行并序》。

第一首的前半篇是如此:

> 太常楼船声嗷嘈,问兵刮寇趋下牢,牧出令奔飞百艘,猛蛟突兽纷腾逃。白帝寒城驻锦袍,玄冬示我胡国刀。壮士短衣头虎毛,凭轩拔鞘天为高,翻风转日木怒号,冰翼云淡伤哀猱。镌错碧罂鍉鹈膏,鋩锷已莹虚秋涛,鬼物撇

第九章 故园不可见,巫峡郁嵯峨/

掜乱坑壕,苍水使者扪赤绦,龙伯国人罗钓鳌。

从"壮士短衣"以下九句,我们被带入一个光怪陆离的世界,那里只看到刀光剑气,这是杜甫以前所少有的。

《观公孙大娘弟子舞剑器行》更是有数的名篇,不但诗好,序也好。全录如次:

> 大历二年十月十九日夔州别驾元持宅,见临颍李十二娘舞《剑器》,壮其蔚跂,问其所师,曰:"余公孙大娘弟子也。"开元三载,余尚童稚,记于郾城观公孙氏舞《剑器浑脱》,浏漓顿挫,独出冠时。自高头宜春、梨园二伎坊内人洎外供奉,晓是舞者,圣文神武皇帝初,公孙一人而已。玉貌锦衣,况余白首,今兹弟子亦非盛颜,既辨其由来,知波澜莫二,抚事慷慨,聊为《剑器行》。往者吴人张旭善草书书帖,数常于邺县见公孙大娘舞《西河剑器》,自此草书长进,豪荡感激,即公孙可知矣。行曰:
>
> 昔有佳人公孙氏,一舞剑器动四方,观者如山色沮丧,天地为之久低昂。㸌如羿射九日落,矫如群帝骖龙翔,来如雷霆收震怒,罢如江海凝清光。绛唇珠袖两寂寞,晚有弟子传芬芳。临颍美人在白帝,妙舞此曲神扬扬,与余

> 问答既有以,感时抚事增惋伤。先帝侍女八千人,公孙剑器初第一,五十年间似反掌,风尘澒洞昏王室。梨园子弟散如烟,女乐余姿映寒日,金粟堆南木已拱,瞿唐石城草萧瑟。玳筵急管曲复终,乐极哀来月东出,老夫不知其所往,足茧荒山转愁疾。

"爌如羿射"四句,动荡跳跃,这不是书面的字句而是凌空腾踔的舞姿。这样的诗句在李白的诗里可以看到一些,在白居易、李商隐的诗里是不可能有的。"先帝侍女"八句抚今追昔,感怆顿挫。最后四句,更是杜甫的本色。正因为有"爌如羿射"四句,只觉全篇跳荡,杜甫在这方面的成就决不落于李白一步。李杜并称,在七古方面杜决不下于李白,但是除七古以外,杜甫还有他自己的成就。附带地讲一句,杜甫的散文,是有一些拖沓或不够顺适的地方,这里有两个原因:第一是唐代的语法和宋代以及后来的语法,确实有一些不同,关于这一点,我们在语言史方面的探讨还很不够,因此对于唐人的作品,有时不能下合适的判断;第二,由于杜甫在诗歌方面的成就是主要的,因此我们对于他的散文,没有作深入的探索。可是从这一篇序看,我们看到的不仅尺幅千里

第九章 故园不可见，巫峡郁嵯峨

而且叙述紧凑，感怆备至。张旭数句更是盘回萦绕，意境深刻，即此二三百字，我们不能不认为杜甫的散文，也是一位作家的成就。

在律诗方面，特别是七律，杜甫也曾努力作出革新。这里又可分为两类：（一）组律，（二）拗律。

所谓组律，是以几首律诗作为一组。组诗这个名词是近代开始运用的，古代并没有这个名词。《诗三百篇》里所说的"《葛覃》三章章六句"就是这件事。这是说这组有三首诗，每首六句。后来的作品，古诗有时是分组的，例如曹植《赠白马王彪》就是，但是经常是不分组。律诗也不分组，这也难怪，一首律诗只有八句，哪分什么组呢？至于在同一诗题之下的多首律诗，例如杜甫早年的《游何将军山林十首》其实也不成为组，因为这只是同一诗题之下的多首律诗，每首都可独立，没有前后的照应，因此不能成组。到达夔州以后，杜甫在这方面经过不断的琢磨，因此写成《诸将五首》《秋兴八首》《咏怀古迹五首》这三组有名的律诗，前后呼应，成为不可磨灭的大篇。明代钟惺、谭友夏选《唐诗归》把这几组拆散，挑选其中的几首，完全抹杀了组诗的伟大意义，因此成为中国文学史里的笑柄，实在是不胜遗憾的。

在这三组有名的组律之中，特别矫健的是《秋兴八首》。有人对于这八首指出某些字句的拙劣,这是确实的,但是无损于《秋兴八首》这一组组律的价值,因为这正是王充《论衡》所指出的"茂林多枯枝",枯枝是有的,但是无损于茂林之茂。一切伟大的创作,不可能没有疵颣,而专以挑剔疵颣为能的批评家,正暴露了自己的脆弱。

《秋兴八首》入手就说:

> 玉露凋伤枫树林,巫山巫峡气萧森,江间波浪兼天涌,塞上风云接地阴。丛菊两开他日泪,孤舟一系故园心,寒衣处处催刀尺,白帝城高急暮砧。

这是第一首,也就是古代所谓第一章。在这一章里把"江间波浪"和"塞上风云"连在一处,这就指明了这首诗不是描绘风景而是关怀家国,"故园心"和"白帝城"的衔接也把这一点揭出。

第四首是这一组的高峰:

> 闻道长安似弈棋,百年世事不胜悲,王侯第宅皆新主,文武衣冠异昔时。直北关山金鼓

振,征西车马羽书驰,鱼龙寂寞秋江冷,故国平居有所思。

这是全篇的高峰。"王侯第宅"、"文武衣冠"都不同了,这是时代的推迁;"直北关山""征西车马"就指出当时吐蕃王朝、回纥王朝对于李姓王朝的叛变和侵略,大唐帝国动摇了。"故国平居",真是令人有不堪回首之感。

第五、第六、第七三首都是第四首的发展。第七首的最后两句"关塞极天惟鸟道,江湖满地一渔翁",更把自己的满腔心事写出。

最后的一首:

> 昆吾御宿自逶迤,紫阁峰阴入渼陂,香稻啄余鹦鹉粒,碧梧栖老凤凰枝。佳人拾翠春相问,仙侣同舟晚更移,彩笔昔曾干气象,白头吟望苦低垂。

前五句是追昔,后三句是抚今,把大历年代的飘零和天宝年代的光辉联系在一处,更深刻地描绘当前的苍凉之感。

元人论曲有"凤头""猪腹""豹尾"的主张,篇首要高华,篇中要充实,篇尾要紧凑。假如把这个标准衡量《秋兴八首》,应当说是完全符合的。

其次我们可以讨论拗律,这也是杜甫的一种创造。律诗有一定的平仄规律,要求和谐、调叶,这是中国文学进入六朝以后的创造,在创造过程中当然有一个从初创到成熟的过程。七律的成熟是盛唐后期的业绩。杜甫看到七律的全盛时期,同时感到过分地追求音节的醇美,有时会走向反面,成为没有意义的乐谱。这就使他向自己提出要求,要在不和谐之中追求和谐。也就是说要把古诗的音调捶进律诗,这是所谓运古入律,我们有时称为拗律。

杜甫的拗律是从他到达夔州以后有意识地开始的:

城尖径仄旌旆愁,独立缥缈之飞楼,峡坼云霾龙虎卧,江清日抱鼋鼍游。扶桑西枝对断石,弱水东影随长流,杖藜叹世者谁子,泣血迸空回白头。

——《白帝城最高楼》

这是一首拗体,从这首诗里,我们觉得是律句,但不是律韵,是有些不和谐,但在不和谐之中还有一定的和谐。

第九章 故园不可见,巫峡郁嵯峨/

杜甫是在不和谐之中争取和谐,因此音调铿锵,具有特殊的韵味。

因为拗律是一种比较新鲜的创作方法,我们不妨多举一些例子:

> 白帝城中云出门,白帝城下雨翻盆,高江急峡雷霆斗,古木苍藤日月昏;戎马不如归马逸,千家今有百家存,哀哀寡妇诛求尽,恸哭秋原何处村。
>
> ——《白帝》

> 秋风淅淅吹我衣,东流之外西日微,天清小城捣练急,石古细路行人稀。不知明月为谁好,早晚孤帆他夜归,会将白发倚庭树,故园池台今是非。
>
> ——《秋风二首》之一

这两首诗大段是和谐的,偶然有一两句不甚和谐或不和谐,但是意境却是兀傲的,是不和谐之中的和谐。

> 南极老人自有星,北山移文谁勒铭,征君

> 已去独松菊,哀壑无光留户庭。予见乱离不得已,子知出处必须经,高车驷马带倾覆,怅望秋天虚翠屏。
>
> ——《覃山人隐居》

这样的拗律,杜甫离开夔州以后还有所发展,那是说他对于这样的作法还是继续感兴趣的。无论后来的诗人是不是对这样的律句还能欣赏,杜甫是不加考虑的。一切伟大的诗人、文人,甚至科学家、事业家、政治家,在他认定必须打通一条新路的时候,他一定抱有坚强的信心。是成功,这会给他以安慰;是失败,他也决不懊恨,因为这能给后人以一条"此路不通"的指示,所以实际上也还是一种成功。但是,在这方面,没有"信道笃而自知明"的精神,是不可能有所成就的。杜甫的这种精神,是值得后人学习的。

更胆大泼辣的是他的《八哀诗》。这是五言古诗,但是和一般的五言古诗有所不同,因为这里不是抒情而是带着抒情的叙事诗。叙事诗是中国固有的传统。《三百篇》的《绵》就是叙述中国古史的叙事诗,其他的名篇还很多。汉代的《古诗为焦仲卿妻作》,更是一篇一往情深的叙事诗,但是到了建安、黄初以后,这样的叙事诗便不

第九章 故园不可见,巫峡郁嵯峨

多了,即使有一些,篇幅也不是那样的磅礴。到杜甫手里,这才重新发展起来。《八哀诗》是八篇独立的传记,是有韵的《史记》,而且充满感情,呜咽淋漓,即使在《史记》中也是不可多得的名篇。在我们读到这些创作时,我们对于杜甫的高度的创作才能,和他无畏的创造精神,还能不感到钦佩吗?在这种气象万千的大作里还能寻瘢索垢吗?除了暴露自己的无知和浅薄以外,还能有什么可以指出呢?

《八哀诗》前有一段小叙。杜甫说:"伤时盗贼未息,兴起王公、李公,叹旧怀贤,终于张相国,八公前后存殁,遂不诠次焉。"这八人的顺序是:

赠司空王公思礼

故司徒李公光弼

赠左仆射郑国公严公武

赠太子太师汝阳郡王琎

赠秘书监江夏李公邕

故秘书少监武功苏公源明

故著作郎贬台州司户荥阳郑公虔

故右仆射相国曲江张公九龄

估计起来,杜甫和王思礼、李光弼、张九龄可能没有见过面;李琎、李邕他是见过的,也有一定的关系,但是关系未必深切。苏源明、郑虔和他是老友了。特别是严武，他和杜甫的关系较深，他们在凤翔已经认识了，在成都时，他们的友谊更加深了一层，严武三次执掌成都的兵权，虽然杜甫入幕，仅仅是在最后的一次，时间也不长，但是相互间的了解是异常深切的。杜甫的诗句"主恩前后三持节，军令分明数举杯"，正写出了严武的位置和他的将略。

《八哀诗》对于严武是写得非常好的，不过这一方面，我们在前面已经详细介绍了，不须重复。除这篇外，王思礼、李光弼两篇也都写得很好。

王思礼在安史之乱当中，因为放在次要位置上，所以在这首诗中，不占重要的地位。他在安史之乱以前为河西兵马使，受节度使哥舒翰节制。诗中说：

司空出东夷，童稚刷劲翮，追随燕蓟儿，颖脱物不隔。服事哥舒翰，意无流沙碛，未甚拔行间，犬戎大充斥。短小精悍姿，屹然强寇敌，贯穿百万众，出入由咫尺。马鞍悬将首，甲外控鸣镝，洗剑青海水，刻铭天山石。九曲非外蕃，其王转深壁，飞兔不近驾，鸷鸟资远击。晓达兵家流，饱闻春秋癖，胸襟日沉静，肃肃自有适。……

第九章 故园不可见,巫峡郁嵯峨

王思礼的功勋,大半在天宝以前,因此杜甫把力量倾注于全诗的前半段,我们看到一位勇敢而沉着的将军。

李光弼便不同了,他的功勋特别显著在他和史思明的对抗中。由于兵力上,他处于相对的劣势,因此在战争中,胜利固然尽多,失败也是不少,最后的成功,主要还是由于史思明和他的儿子史朝义的矛盾的发展。但是诗的关键全不在此。关键在于代宗初年,内监程元振当权,代宗召光弼入朝,光弼没有去长安,拥兵出镇临淮。《八哀诗·李光弼》说:

……青蝇纷营营,风雨秋一叶,内省未入朝,死泪终映睫。……

《旧唐书》卷一一○《李光弼传》说:"宝应元年,进封临淮王,赐铁券,图形凌烟阁。广德初,吐蕃入寇京畿,代宗诏征天下兵,光弼与程元振不协,迁延不至。十月,西戎犯京师,代宗幸陕,朝廷方倚光弼为援,恐成嫌疑,数诏问其母。吐蕃退,乃除光弼东都留守以察其去就。光弼伺知之,辞以久待敕不至,且归徐州,欲收江淮租赋以自给。……光弼御军严肃,天下服其威名,每申号令,诸将不敢仰视,及惧朝恩之害,不敢入朝,田神功等皆不禀命,因愧耻成疾。"假如史臣确有直笔,李光弼的不入朝是不对的,因此诸将不复禀命,愧耻成疾,终于病没,也是理所当然的。

李光弼不入朝是事实,诸将不复禀命,也可能是事实。问题在于愧耻成疾,终于病没,是不是事实。唐胡璩《谭宾录》说"光弼惧朝恩之害,不敢入朝,田神功等不受其制,愧耻成疾,薨",语调和《旧唐书》一致。《新唐书》完全没有提到。

现在问题是假如李光弼愧耻成疾,那他主观上认为不入朝是一件大错误;假如不是愧耻成疾,那么根本上没有错误的问题。

事实上是唐代的皇帝正和其他朝代的多数皇帝一样,因为堂高廉远,无形中把自己和群众隔离,一经隔离,不能不寄耳目于内监。由于内监的播弄,君臣间的疏远,成为不得不然的事。唐代之中,经过内监的挑拨,君臣关系搞得很紧张。表面上君主是臣僚的上级,实际上在臣僚路经蓝关的时候,君主甚至派出刺客进行暗杀,这样的事不止一次。所以李光弼的不入朝,不是没

第九章 故园不可见,巫峡郁嵯峨

有理由的。

事实上,杜甫对于李光弼并没有丝毫贬斥的意思,所以在《承闻河北诸道节度入朝欢喜口号绝句十二首》说:

> 李相将军拥蓟门,白头惟有赤心存,竟能
> 尽说诸侯入,知有从来天子尊。

在这首诗里,杜甫对于李光弼正在作十分的肯定,我们能说《八哀诗》的"内省未入朝,死泪终盈睫"是指的李光弼"愧耻成疾"吗?这是不可能的。他的"死泪终盈睫"是真的,但是指的是他对于未入朝的怨恨,特别是怨恨那迫使他不得不走上这一条不入朝的道路的怨恨。

《八哀诗·李光弼》这首诗对于光弼是充满歌颂的,全录于次:

> 司徒天宝末,北收晋阳甲,胡骑攻吾城,愁
> 寂意不惬。人安若泰山,蓟北断右胁,朔方气
> 乃苏,黎首见帝业。二宫泣西郊,九庙起颓压,
> 未散河阳卒,思明伪臣妾。复自碣石来,火焚
> 乾坤猎,高视笑禄山,公又大献捷。异王册崇

勋,小敌信所怯,拥兵镇河汴,千里初妥帖。青蝇纷营营,风雨秋一叶,内省未入朝,死泪终映睫。大屋去高栋,长城扫遗堞,平生白羽扇,零落蛟龙匣。雅望与英姿,凄怆槐里接,三军晦光彩,烈士痛稠叠。直笔在史臣,将来洗筐箧,吾思哭孤冢,南纪阻归楫。扶颠永萧条,未济失利涉,疲苶竟何人,洒泪巴东峡。

在排律方面,杜甫也作出特殊的成绩。排律是长篇的律诗,作者必须有沉着的气势,然后才能运用自如,作出特殊的成绩。杜甫在夔州时有《夔府书怀四十韵》,这是一首长篇,因此必须分段:

昔罢河西尉,初兴蓟北师,不才名位晚,敢恨省郎迟。扈圣崆峒日,端居滟滪时,萍流仍汲引,樗散尚恩慈。遂阻云台宿,常怀湛露诗,翠华森远矣,白首飒凄其。拙被林泉滞,生逢酒赋欺,文园终寂寞,汉阁自磷缁。病隔君臣议,惭纡德泽私,扬镳惊主辱,拔剑拨年衰。社稷经纶地,风云际会期,血流纷在眼,涕泗乱交颐。四渎楼船泛,中原鼓角悲,贼壕连白翟,战

第九章 故园不可见,巫峡郁嵯峨/

瓦落丹墀。先帝严灵寝,宗臣切受遗,恒山犹突骑,辽海竞张旗。田父嗟胶漆,行人避蒺藜,总戎存大体,降将饰卑词。楚贡何年绝,尧封旧俗疑,长吁翻北寇,一望卷西夷。不必陪玄圃,超然待具茨,凶兵铸农器,讲殿辟书帷。庙算高难测,天忧实在兹,形容真潦倒,答效莫支持。

使者分王命,群公各典司,恐乖均赋敛,不似问创痍。万里烦供给,孤城最怨思,绿林宁小患,云梦欲难追。即事须尝胆,苍生可察眉,议堂犹集凤,贞观是元龟。处处喧飞檄,家家急竞锥,萧车安不定,蜀使下何之?

钓濑疏坟籍,耕岩进弈棋,地蒸余破扇,冬暖更纤𫄨。豺遘哀登粲,麟伤泣象尼,衣冠迷适越,藻绘忆游睢。赏月延秋桂,倾阳逐露葵,大庭终返朴,京观且僵尸。高枕虚眠昼,哀歌欲和谁,南宫载勋业,凡百慎交绥。

这是大篇的开始,以后还要发展。从今天看,律诗已经成为强弩之末,更不必说四十韵甚至百韵或更长的律诗了;但是在杜甫的时代,或是白居易、李商隐的时代,五言律诗正有强大的生命力,在长律中,更见得作者诗才的峻拔、雄肆及浩荡。时代在不断地演变,因此我们对于文学作品的评价,也必然要随时有所转变,倘使我们能按照时代的要求,加以适当地评骘,究竟比抛开时代,凭臆武断要更加合适些。

除了在七古、七律和排律开辟道路以外,杜甫还作了大量的怀旧诗。夔州是好地方,是在战争漩涡中的一个避风港,瀼西、东屯的生产可以使他暂时排除对于饥饿的恐怖,因此他更有时间追忆大唐帝国的盛日。他在《壮游》《昔游》《遣怀》《往在》诸篇中写出了他的回忆和沉痛。

杜甫在《壮游》里说:

……性豪业嗜酒,嫉恶怀刚肠,脱略小时辈,结交皆老苍,饮酣视八极,俗物多茫茫。……

这是何等的气魄!以下又说他早年的漫游:

……放荡齐赵间,裘马颇清狂。春歌丛台上,冬猎青丘旁,呼鹰皂枥林,逐兽云雪冈。射

第九章　故园不可见，巫峡郁嵯峨

飞曾纵鞚,引臂落鹙鸧,苏侯据鞍喜,忽如携葛强。

此后他说到安史之乱,肃宗的出兵,自己对于房琯的救护和最后的贬斥:

……大军载草草,凋瘵满膏肓。备员窃补衮,忧愤心飞扬,上感九庙焚,下悯万民疮。斯时伏青蒲,廷诤守御床,君辱敢爱死,赫怒幸无伤。圣哲体仁恕,宇县复小康,哭庙灰烬中,鼻酸朝未央。小臣议论绝,老病客殊方。郁郁苦不展,羽翮困低昂,秋风动哀壑,碧蕙捐微芳。之推避赏从,渔父濯沧浪,荣华敌勋业,岁暮有严霜。吾观鸱夷子,才格出寻常,群凶逆未定,侧伫英俊翔。

《昔游》一首叙述杜甫早年和高适、李白的齐鲁之游。他说起:

昔者与高李,晚登单父台,寒芜际碣石,万里风云来。桑柘叶如雨,飞藿共徘徊,清霜大

> 泽冻,禽兽有余哀。是时仓廪实,洞达寰区开,猛士思灭胡,将帅望三台。君王无所惜,驾驭英雄才,幽燕盛用武,供给亦劳哉。吴门转粟帛,泛海陵蓬莱,肉食三十万,猎射起黄埃。……

这里是他自己的壮年时期,也是大唐帝国的极盛时期。然而一切成了幻梦,自己衰老了,帝国也摧毁了,李姓王朝的前途是瓦解、摧残,终于走上了毁灭的道路。

《遣怀》这首诗,是《昔游》的放大,写得更深刻,因此也更能动人:

> 昔我游宋中,惟梁孝王都,名今陈留亚,剧则贝魏俱。邑中九万家,高栋照通衢,舟车半天下,主客多欢娱。白刃仇不义,黄金倾有无,杀人红尘里,报答在斯须。忆与高李辈,论交入酒垆,两公壮藻思,得我色敷腴。气酣登吹台,怀古视平芜,芒砀云一去,雁鹜空相呼。先帝正好武,寰海未凋枯,猛将收西域,长戟破林胡。百万攻一城,献捷不云输,组练去如泥,尺土负百夫。拓境功未已,元和辞大炉。乱离朋

第九章 故园不可见，巫峡郁嵯峨

友尽，合沓岁月徂，吾衰将焉托，存殁再呜呼。萧条病益甚，独在天一隅，乘黄已去矣，凡马徒区区。不复见颜鲍，系舟卧荆巫，临餐吐更食，常恐违抚孤。

《往在》一首，前半是写唐王朝的衰落，后半提出解决的方法。当然，这里看到杜甫的沉痛，同时也看到杜甫只是一个书生，在国家衰乱的当中，拿不出切实可行的方案。事实上，在国家走上衰乱的道路以后，除了革命是没有第二条道路的。但是杜甫是害怕革命的，即使古代所说的那种"汤武革命，顺乎天而应乎人"的道路，也不是杜甫的思虑所容许的。《往在》这首诗的解决方法是：

……安得自西极，申命空山东，尽驱诣阙下，士庶塞关中。主将晓顺逆，元元归始终，一朝自罪己，万里车书通。锋镝供锄犁，征伐听所从，冗官各复业，土著还力农。君臣节俭足，朝野欢呼同，中兴似国初，继体如太宗。端拱纳谏诤，和风日冲融，赤墀樱桃枝，隐映银丝笼。千春荐灵寝，永永垂无穷。京都不再火，泾渭开愁容。归号故松柏,老去若飘蓬。

我们可以坦然地说,杜甫对于国家治乱之源是认识不足的,在严武幕中,他还能提出一些主张,但是毕竟还依靠严武的魄力,才能做出一些成绩来,至若对于整个的国家,在衰乱频仍、江河日下之时,即使有李德裕、张居正这样的人物,凭着砥柱中流的信心和决心,也只能把王朝的衰亡推迟三五十年,要想恢复当日的青春,都是无能为力,何况杜甫这样的书生呢?

但是对于李姓王朝的衰乱之源,他还是有所见的。

……于时国用富,足以守边疆,朝廷任猛将,远夺戎马场。到今事反复,故老泪万行,龟蒙不可见,况乃怀旧乡。

——《又上后园山脚》

提封汉天下,万国尚同心,借问悬车守,何如俭德临。时征俊义入,莫虑犬羊侵,愿戒兵犹火,恩加四海深。

——《提封》

第九章 故园不可见,巫峡郁嵯峨

李姓王朝的中落,主要还是由于当时的扩张主义,人民已经穷苦万状,但是朝廷只觉得物力丰富,于是不断地对外进行侵略,终于走上了崩溃的道路。是丰富吗?确实是丰富。杜甫不是写过吗?"彤庭所分帛,本自寒女出,鞭挞其夫家,聚敛贡城阙。"把人民的一丝一缕,一勺一合,进行搜刮,聚到长安。确实做到"朱门酒肉臭,路有冻死骨",然后进行对外侵略的战争,无老无幼的人民,从头白戍边的衰翁到身材短小的中男,一齐驱向千里万里以外的边疆,双方百姓遭到无辜的屠戮,这样的王朝还有什么存在的理由,还有什么值得留恋的所在吗?崩溃、灭亡都是这个王朝为自己铸定的命运,没有一丝一毫值得顾惜的。所痛心的只是在这个瓦解的过程中,这个庞大的尸骸不但毁灭了自己,也毁灭了和它有关联的人们。

杜甫在夔州的二年中,生活是有着落了,但是心境是痛苦的。他怅望着过去,也幻想着将来。他对于这种痛苦生活的埋怨一直到了极顶,所以他沉痛地说:"苦摇求食尾。"生活和狗一样,他自己很明白。怎么办呢?最重要的是早早脱离这种生活。他和姨弟狄博济说起:

……太宗社稷一朝正,汉官威仪重昭洗,

时危始识不世才,谁谓荼苦甘如荠。汝曹又宜列土食,身使门户多旌棨,胡为漂泊岷汉间,干谒王侯颇历抵?况乃山高水有波,秋风萧萧露泥泥。虎之饥,下巉岩,蛟之横,出清泚,早归来,黄土污衣眼易眯。

　　　　——《寄狄明府博济》

　　杜甫对于目前的生活是不能忍耐了。无论是东屯,是瀼西;无论是吴郎,是堂前扑枣的妇人,是行官张望,是隶人伯夷、辛秀、信行,一切都挽留不了他,都无法给他以任何的牵挂,他决心和狗的生活一刀两断了。他幻想着美好的将来。一个黄昏使他回到二十年以前他和李白在华北的生活。梦是飞腾着的,理想中的生活也是飞腾着的,诗也是飞腾着的。一切都在飞腾,时代的限制,空间的限制,在诗人的灵魂里都不再存在了。岂但不存在,在诗人的国都里,根本不容许时代和空间这些观念的存在,有诗为证:

　　今我不乐思岳阳,身欲奋飞病在床,美人娟娟隔秋水,濯足洞庭望八荒。鸿飞冥冥日月白,青枫叶赤天雨霜,玉京群帝集北斗,或骑麒

第九章 故园不可见,巫峡郁嵯峨/

麟鬐凤凰。芙蓉旌旗烟雾乐,影动倒景摇潇湘,星宫之君醉琼浆,羽人稀少不在傍。似闻昨者赤松子,恐是汉代韩张良,昔随刘氏定长安,帷幄未改神惨伤。国家成败吾岂敢,色难腥腐餐枫香,周南留滞古所惜,南极老人应寿昌。美人胡为隔秋水,焉得置之贡玉堂。

——《寄韩谏议注》

李白是诗国的飞仙,杜甫也是飞仙,但是他有一双泥足,他的不如李白处在此,他的为我们这些平常百姓所爱之处也在此。"今我不乐"、"身欲奋飞"是仙境,"思岳阳"、"病在床"便都是人境了。这一切都使他飞不了。他那首扑枣妇人的诗是多么痴情,多么可爱!

堂前扑枣任西邻,无食无儿一妇人,不为困穷宁有此,只缘恐惧转须亲。即防远客虽多事,便插疏篱却甚真,已诉征求贫到骨,正思戎马泪盈巾。

——《又呈吴郎》

杜甫在夔州两年,生活使他厌倦了,即使一个人甘心做犬,但是老是摇着求食的尾巴,犬也会厌倦的,何况杜甫毕竟是人!是人,他就感到活不下去。他在瀼西买了房屋,他把房屋让给吴郎,

>有客乘舸自忠州,遣骑安置瀼西头,古堂本买藉疏豁,借汝迁居停宴游。……
>——《简吴郎司法》

>苔竹素所好,萍蓬无定居,远游长儿子,几地别林庐。杂蕊红相对,他时锦不如,具舟将出峡,巡圃念携锄。正月喧莺末,兹辰放鹢初,雪篱梅可折,风榭柳微舒。托赠卿家有,因歌野兴疏,残生逗江汉,何处狎樵渔。
>——《将别巫峡赠南卿兄瀼西果园四十亩》

就在这个时候,李姓王朝松了一口气。大历二年(767)十月朔方节度使路嗣恭破吐蕃于灵州城下,斩首二万余人,吐蕃王朝向北进攻的路线受到严重的冲击,开始向后方退却,杜甫有《喜闻盗贼总退口号五首》:

>萧关陇水入官军,青海黄河卷塞云,北极

第九章 故园不可见,巫峡郁嵯峨

转愁龙虎气,西戎休纵犬羊群。

赞普多教使入秦,数通和好止烟尘,朝廷忽用哥舒将,杀伐虚悲公主亲。

崆峒西极过昆仑,驰马由来拥国门,逆气数年吹路断,蕃人闻道渐星奔。

勃律天西采玉河,坚昆碧碗最来多,旧随汉使千堆宝,少答胡王万匹罗。

今春喜气满乾坤,南北东西拱至尊,大历三年调玉烛,玄元皇帝圣云孙。

吐蕃军队中路的撤退,不等于李姓王朝的安定,因为西北的大片土地依然在吐蕃王朝手里,即使川蜀西边的威慑有所缓和,并不说明大唐帝国的复兴。一切都在衰退、解网的当中,路嗣恭的胜利,没有解决任何具体的问题。但是这几首诗还是有价值的,因为诗中指明了时代的衰颓,完全由于玄宗的任用哥舒翰,在青海启衅,以至挑动吐蕃王朝的反击,终于造成大唐帝国的瓦解。

第十章　此曲哀怨何时终
（768—770）

　　大历三年(768)的春天,杜甫离开夔州,出瞿塘峡。自乾元二年(759)从秦州出发到现在已经先后十年了。在这十年之中,他经历了多少艰难困苦,在成都、阆州、绵州、梓州、云安,以至夔州,他走遍了巴蜀的重要地区,他在严武幕中,也做了一些事业。当他从云安出发初到夔州的时候,他总想可以安定一下了。在那首一百韵的长律里,他说:

　　　　绝塞乌蛮北,孤城白帝边,飘零仍百里,消渴已三年。雄剑鸣开匣,群书满系船,乱离心不展,衰谢日萧然。筋力妻孥问,菁华岁月迁,登临多物色,陶冶赖诗篇。峡束沧江起,岩排石树圆,拂云霾楚气,朝海蹴吴天。煮井为盐速,烧畲度地偏,有时惊叠嶂,何处觅平川。鹡鸰双双舞,猕猴垒垒悬,碧萝长似带,锦石小如钱。春草何曾歇,寒花亦可怜,猎人吹戍火,野店引山泉。……

——《秋日夔府咏怀奉寄郑监李宾客一百韵》

对于夔州,他可以满足了。对于生活,应当可以满足,因为他有房屋,有田,有果园,有隶人,也有女仆,但是他没有自由,他还要为当地小小的军阀歌功颂德。不仅如此,他还得为这位军阀的老太太和兄弟子侄歌颂,诗是用来做这些工作的吗?这是什么生活!传说原来是不可尽信的,倘使按照传说所言,杜甫曾经瞪着严武的面说过:"严挺之乃有此儿!"当了成都尹、尚书仆射、剑南道节度使的面喊过他父亲的名字!现在却为这个区区的柏茂琳的家庭唱赞美歌,这种生活是不可以一日居的,但是杜甫还得捱下去,一年、两年,现在什么都扔下了,房屋田产,男奴女仆都不要了,杜甫到夔州的时候,带同妻室儿女,现在还是妻室儿女,他去了,去向那波涛起伏、一泻千里的荆湘一带。这一切都反映在那《大历三年春白帝城放船出瞿塘峡,久居夔府将适江陵漂泊有诗凡四十韵》这一首长律里。他一入手便说起:

> 老向巴人里,今辞楚塞隅,入舟翻不乐,解缆独长吁。窄转深啼狖,虚随乱浴凫,石苔凌几杖,空翠扑肌肤。叠壁排霜剑,奔泉溅水珠,杳冥藤上下,浓淡树荣枯。神女峰娟妙,昭君宅有无,曲留明怨惜,梦尽失欢娱。……

在篇末他曾说起:"回首黎元病,争权将帅诛,山林托疲苶,未必免崎岖。"

落末的四句,他对于自己的前途是有一个正确的估计的。东山的老虎要吃人,西山的老虎也要吃人,在东山和西山之间是没有选择余地的。怎么办呢?最好是把老虎打死。倘使自己估计没有打死老虎的能耐,那么最好是和它离得远些,越远越好,那时虽然没有能力为国除害,为民平愤,究竟自己也免了许多啰唆。但是杜甫免不了托足权门,这就难免"残杯与冷炙,到处潜悲辛"的命运。"苦摇求食尾,常曝报恩腮。"曝腮是一句解嘲之辞,摇尾是必然的了。这样的道路,不但在中国,在欧洲中古时期亦复如此。他们的游吟诗人,其实就是干这一行的。

从夔州出峡以后,杜甫指望的寄生主是荆南节度使阳城郡王卫伯玉。在他没有见到这位郡王以前,他先来

第十章 此曲哀怨何时终

一首《行次古城店泛江作不揆鄙拙奉呈江陵幕府诸公》：

> 老年常道路，迟日复山川，白屋花开里，孤城麦秀边。济江元自阔，下水不劳牵，风蝶勤依桨，春鸥懒避船。王门高德业，幕府盛材贤，行色兼多病，苍茫泛爱前。

以下又是不少的类似之作。杜甫是不是了解这种生活的无聊呢？倘使他不了解，那倒很好。《儒林外史》的唐二棒槌不是也高高兴兴地活了一世吗！苦在杜甫很了解，而且说得很清楚。

> 王郎酒酣拔剑斫地歌莫哀，我能拔尔抑塞磊落之奇才。豫章翻风白日动，鲸鱼跋浪沧溟开，且脱佩剑休徘徊。西得诸侯棹锦水，欲向何门趿珠履？仲宣楼头春色深，青眼高歌望吾子，眼中之人吾老矣。
>
> ——《短歌行赠王郎司直》

这是一首有名的短篇，但是在这名篇之中，杜甫只能做到对于自己的讽刺。"我能拔尔抑塞磊落之奇才"。是不是这样呢？杜甫何不先把自己的奇才提拔一下？"西得诸侯"固然可笑，但是杜甫又东得了什么呢？最后只能慨叹一声"眼中之人吾老矣"，那么杜甫又能做什么呢？在天下大乱的当中，东诸侯和西诸侯都是一样，文人只是他们手中的玩具，是永远没有出路的。

卫伯玉是重视文人的，他要他们赋诗，新楼初成，要严判官赋诗，还要杜甫赋诗。杜甫赋了一首，还要再赋。在杜甫集中有的是：《江陵节度使阳城郡王新楼成，王请严侍御判官赋七字句同作》《又作此奉卫王》。特别是后面这一首：

> 西北楼成雄楚都，远开山岳散江湖，二仪清浊还高下，三伏炎蒸定有无。推毂几年惟镇静，曳裾终日盛文儒，白头授简焉能赋，愧似相如为大夫。

这是一首四平八稳的律诗，前四句盛称这一座新楼，措辞平妥，歌颂得体。五六两句既歌颂了卫伯玉，也吹捧了这一群作诗的清客。最后两句更说到自己，把卫伯玉歌颂为命司马相如作赋的梁孝王，把自己比为司马相如，但是又怕抬高了自己，随即谦虚一句："愧似相如为大夫。"杜甫这首诗真是左右致敬，谦虚谨慎到无懈可击

第十章 此曲哀怨何时终

的地步。但是以盛唐首出的诗人,作这样的毫无意义的诗篇,不能不算是绝大的悲剧。

杜甫是不是乐于为此呢?当然不是。对于这样的滑稽悲剧,他是理解的,也是痛恨的,但不是深恶痛绝,他还要靠扮演这幕悲剧吃饭,因此一边是痛恨,一边还要继续扮演。这正如雨果《笑面人》所写的那位主角的独白一样,心上是极端的沉痛,但是脸上还是刻板的喜悦。有诗为证:

……蛟螭深作横,豺虎乱雄猜,素业行已矣,浮名安在哉!琴乌曲怨愤,庭鹤舞摧颓。秋水漫湘竹,阴风过岭梅,苦摇求食尾,常曝报恩腮。结舌防谗柄,探肠有祸胎,苍茫步兵哭,展转仲宣哀。饥藉家家米,愁征处处杯,休为贫士叹,任受众人咍。得丧初难识,荣枯划易该。差池分组冕,合沓起蒿莱,不必伊周地,皆登屈宋才。……愿闻锋镝铸,莫使栋梁摧,盘石圭多翦,凶门毂少推。垂旒资穆穆,祝网但恢恢,赤雀翻然至,黄龙不假媒。贤非梦傅野,隐类凿颜坏,自古江湖客,冥心若死灰。

——《秋日荆南述怀三十韵》

这是杜甫当年的生活,其前在巴蜀是这样的生活,其后在湖湘依然是这样的生活。"饥藉家家米,愁征处处杯",杜甫只是一边摇着求食之尾,一边曝着报恩之腮。说多了就是造谣中伤的把柄,扪心自问处处是引祸的根源,怎么办呢?杜甫只能绝望了,他和自己说:"不必伊周地,皆登屈宋才。"屈原、宋玉,不必都能争取到崇高的地位,唯一的愿望只是不要挑起内战,不要摧残国家。这个愿望是应有的,也是正确的,但是下边两句,"盘石圭多剪,凶门毂少推",就不是没有问题了。他的意思是希望朝廷多封宗室子弟,少用干城重将。殊不知重将太多,固然会引起内战,但是宗室掌握大权,同样地也会挑起战争,李璘的叛变可能是冤枉,但是李锜的叛变则是千真万确的,至于西晋的八王之乱,那更是人所共知。岂但是宗室,至亲至近如父子兄弟,动辄拔刀相向,新旧《唐书》具在,杜甫即使没有看到,后人都会看到的。杜甫的结论是"自古江湖客,冥心若死灰"。

在这个时期,杜甫仍在拗律上痛下功夫:

霜黄碧梧白鹤栖,城上击柝复乌啼,客子入门月皎皎,谁家捣练风凄凄。南渡桂水阙舟楫,北归秦川多鼓鼙,年过半百不称意,明日看云还杖藜。

——《暮归》

　　北城击柝复欲罢,东方明星亦不迟,邻鸡野哭如昨日,物色生态能几时。舟楫眇然自此去,江湖远适无前期,出门转眄已陈迹,药饵扶吾随所之。

——《晓发公安》

　　这两首拗律当推为杜甫的绝唱,宋代的黄庭坚也走了这条路,但是并不能有所发展,那是说他落在杜甫以下一着。这样的诗给人的印象好比是口中含有沙砾,仍能唱出清澈瑰伟的歌曲。是不是杜甫的创作力有所衰退以致不能创作圆润雄奇的诗句呢?当然不是。这时期他的诗如:

　　江汉思归客,乾坤一腐儒,片云天共远,永夜月同孤。落日心犹壮,秋风病欲苏,古来存老马,不必取长途。

——《江汉》

/杜甫叙论

我们能说这首诗在杜甫集中不是最高的成就吗?当然不能。杜甫的生活愈艰苦,他的创作力愈雄奇,他正在以最大的努力争取最伟丽的成就。

杜甫从夔州出来,很可能抱着一种希望,也许在荆湖一带找到比较好一些的东道主,但是他所遇到的只能使他失望。我们从现代的地位看,杜甫这一种希望是必然要失望的。唐代的封建官僚或大小军阀是不懂得爱客养士的。清代的朱珪、毕沅,甚至张曜、吴长庆多少懂得一些,因此他们幕府中便有一大群文士和诗人。不仅如此,清代的大商人,如扬州马曰璐的玲珑山馆也有不少的名士,在那里寻诗觅句。但是这是清代的风气,是十八、十九世纪的潮流,在八世纪的唐代还谈不上,因此杜甫的一身傲骨,不免使全家儿女东奔西走,啼饥号寒,时代的悲哀,在诗人的著作里留下了不可磨灭的烙印。

在江陵耽搁不久,杜甫就得动身,第一步是到公安。

南国昼多雾,北风天正寒,路危行木杪,身远宿云端。山鬼吹灯灭,厨人语夜阑,鸡鸣问前馆,世乱敢求安?

——《移居公安山馆》

第十章 此曲哀怨何时终

从公安向前，船到岳阳，留下了两首七古，一般选家不很注意，其实反映那个时代，是非常难得的：

岁云暮矣多北风，潇湘洞庭白雪中，渔父天寒网罟冻，莫徭射雁鸣桑弓。去年米贵阙军食，今年米贱大伤农，高马达官厌酒肉，此辈杼轴茅茨空。楚人重鱼不重鸟，汝休枉杀南飞鸿，况闻处处鬻男女，割慈忍爱还租庸。往日用钱捉私铸，今许铅锡和青铜，刻泥为之最易得，好恶不合长相蒙。万国城头吹画角，此曲哀怨何时终！

——《岁晏行》

这首诗反映了丰年时期人民的痛苦，在一般诗歌中是非常难得的。荒年米贵，是一件痛苦的事情，但是丰年米贱，农民的痛苦更深。因为官家的租税是收钱的，农民的收入是粮食，必须以大量的粮食才能换钱纳税。倘使没有这些必要的粮食呢，那就只有卖儿鬻女，完粮纳税，这就造就了丰年成灾的反常现象。诗中"往日"四句更提出货币制度的转变。一度禁止私铸，现在这个制度执行不力，奸商大贾盛行私铸，造成货币的大紊乱，更增加了人民的痛苦。最后杜甫只有长叹一声:"万国城头吹画角,此曲哀怨何时终!"无边无涯的痛苦,都集中到了杜甫的船头和笔头。

　　船到岳阳以后,又留下了《登岳阳楼》这一首有名的五律:

　　　　昔闻洞庭水,今上岳阳楼,吴楚东南坼,乾坤日夜浮。亲朋无一字,老病有孤舟,戎马关山北,凭轩涕泗流。

　　首联是叙事,其次写岳阳楼的风貌,真是气象万千;再下把自己的处境完全写出,本来是想投亲靠友的,现在孤舟漂泊,这是何等的凄凉! 当然,杜甫还有一个家,在东西两京都有田产。是不是可以回去呢? 在这个兵荒马乱之中,他是没有回去的道路的。"北归秦川多鼓鼙",这个艰苦的情况,并不因为他流落荆湘而有所减轻。怎么办呢? 　是不是可以东下? 钟离有他的亲妹妹,应当是可以相依为命的,但是她"良人早殁诸孤痴",杜甫去倚靠谁呢? 这就横下一条心,溯着湘水南去。经过晚洲、乔口、铜官渚,最后到达长沙。

　　长沙是湖南的重镇,但是在唐代,这里的位置还不

是那么显著,因此杜甫注目的主要是岳麓山的两座佛教胜地,写下了一首苦心经营的名篇《岳麓山道林二寺行》:

玉泉之南麓山殊,道林林壑争盘纡,寺门高开洞庭野,殿脚插入赤沙湖。五月寒风冷佛骨,六时天乐朝香炉,地灵步步雪山草,僧宝人人沧海珠。塔劫宫墙壮丽敌,香厨松道清凉俱,莲花交响共命鸟,金榜双回三足乌。方丈涉海费时节,玄圃寻河知有无。暮年且喜经行近,春日兼蒙暄暖扶。飘然斑白身奚适,旁此烟霞茅可诛。桃源人家易制度,橘洲田土仍膏腴。潭府邑中甚淳古,太守庭内不喧呼,昔遭衰世皆晦迹,今幸乐国养微躯。依止老宿亦未晚,富贵功名焉足图。久为谢客寻幽惯,细学何颙免兴孤。一重一掩吾肺腑,山鸟山花共友于,宋公放逐曾题壁,物色分留与老夫。

这是一篇什么样的诗呢?论者经常是把这篇作为古诗的,但是何尝不是律诗?除了按照律诗的常规,首联和末联不对外,中间十四联没有一联不是逐字比句,分两悉称,完全是律诗的形式。但是音节却是佶屈聱牙,处处都给读者一种咀嚼艰苦的意味。我们是不是可以称它为拗体长律呢?很可能主张诗体韵律的先生们不同意,但是我们的认识是如此。这完全是《暮归》《晓发公安》的发展,而更加壮丽,更加诙诡。在诗的形式还没有发展到语体诗以前,这样的一首是空前的,是杜甫创造力的最高表现。

从诗体的各方面看,今体乐府、五言长律、七绝语体、七律拗体、七言拗体长律、七律组诗、五言长篇叙事诗,杜甫在哪方面没有创造,在哪方面没有独特的成就?谁能对于杜甫加以诋毁,谁能把杜甫安排在任何诗人之下?这是在我们读诗的时候必有的认识。

但是在大历四年(769)这一年,杜甫已经老了,衰颓了。我们固然应当抱有"落日心犹壮"的心情,但是在那个可诅咒的旧社会里,五十八岁确实已经到了一个衰颓的年代。杜甫的创作雄心是不断焕发的,但是在雄心焕发的当中,不断受到打击,不断受到压抑,无边无涯的恶浪正向这中途漂泊的小舟猛拍过来。是不是他还能顶得住呢?杜甫的意志是有强大生命力的,但是杜甫还没有接受我们这个时代的教育:"道高一尺,魔高一丈。"他是不屈服的,永远不会屈服的,但是他到底经受不了怒涛恶浪的打击。《岳麓山道林二寺行》是他的突出的创造,但是他的创造力这时候已经到了最高的一点,也就是最后的一点。在油干灯尽的前一瞬,突然光明灿灼,接下来便是奄奄待尽,终于以一缕残焰而告终。无情的生命,无尽的长夜呀!

大历这年的清明节,杜甫有《清明二首》,录存一首:

> 此身漂泊苦西东,右臂偏枯半耳聋,寂寂系身双下泪,悠悠伏枕左书空。十年蹴鞠将雏远,万里秋千习俗同,旅雁上云归紫塞,家人钻火用青枫。秦城楼阁烟花里,汉主山河锦绣中,春去春来洞庭阔,白蘋愁杀白头翁。

在这首诗里,杜甫把写实和寄托的语言错综起来。前八句是写实,第九第十两句是比喻。从烟花看楼阁,从锦绣看山河,正是写的北方大局的一片渺茫,自己有家难归,剩有春来水阔,漂泊西东,不胜江湖浩渺、措身无所之感。诗人毕竟是衰老了,在这穷途末路之时,不是凿山通道而是双泪俱下。倘使我们提出我们的看法,他是应当振作精神,重新开路的。

这年秋天他的船开向衡山,在那里遇到李勉正以御

史大夫拜广州刺史充岭南节度使。杜甫有《衡州送李大夫七丈赴广州》诗:

> 斧钺下青冥,楼船过洞庭,北风随爽气,南斗避文星。日月笼中鸟,乾坤水上萍,王孙丈人行,垂老见飘零。

第三联比较开阔,宋人很推崇;第四联却是非常衰飒,暮气很重。

送李勉的时候,可能杜甫已经安排一条去路,但是究竟是不是南去,他自己也拿不定,不久他又北回,在《回棹》诗中他说起"清思汉水上,凉忆岘山巅"。又说"吾家碑不昧,王氏井依然"。他怀念杜预平吴以后在襄阳之碑,和王粲依刘表时在荆南之井。是不是他已经决意北归呢?没有。他对于东西二京的丘原和祖墓所在是不断依恋的,但是北方动摇不定的政局,瞬息万变的战况是会打消他的这种依恋的。好在湘江之上,千帆竞举,百舸争流,于是他就在水面上不断溯徊,同时对于前赴交广的达官贵人,也在尽量拉拢,为自己留一个退路。事实上大历年中的大唐皇帝,已经和西晋末年的情况有着同一的命运,因此杜甫在诗中不只一次地自比西晋的

第十章　此曲哀怨何时终

葛洪,他的命运正和托辞采取丹砂、乞为句漏令的抱朴子一样。广州刺史李勉、韶州刺史韦迢在杜甫的心目中,都成为他的寄生主。

但是他还没有把前进的方向肯定下来。他有《登舟将适汉阳》诗,但是他并没有去。他总是在潭州逗留,他送这一位适广陵,送那一位归澧州,甚至送另外一位的灵榇归上都,但是他始终在湘江上溯沿,没有作出最后的决定。他凭什么作出决定呢?到处是战争,是叛乱,而他没有官职,没有地位,上岸后有的是徘徊,下了船有的是溯沿。诗人的前途只是晴空中的游丝,风波中的水点,他几乎是委心任命了,作不出任何的决定。

这一年的年底,他却结识了一位突出的人物,有诗,并有一篇长序式的诗题,《苏大侍御涣,静者也,旅于江侧,不交州府之客,人事都绝久矣。肩舆江浦,忽访老夫舟楫。已而茶酒内,余请诵近诗,肯吟数首,才力素壮,辞句动人。接对明日,忆其涌思雷出,书箧几杖之外,殷殷留金石声,赋八韵记异,亦见老夫倾倒于苏至矣》:

> 庞公不浪出,苏氏今有之,再闻诵新作,突过黄初诗。乾坤几反覆,扬马宜同时,今晨清镜中,胜食斋房芝。余发喜却变,白间生黑丝。

昨夜舟天接,湘娥帘外悲,百灵未敢散,风破寒江迟。

这首诗题称八韵,其实只有七韵,各本皆同,是不是有意删去两句,不能定。同卷还有一首与苏涣有关的:

久客多枉友朋书,素书一月凡一束,虚名但蒙寒暄问,泛爱不救沟壑辱。齿落未是无心人,舌存耻作穷途哭。道州手札适复至,纸长要自三过读,盈把那须沧海珠,入怀本倚昆山玉。拨弃潭州百斛酒,芜没潇岸千株菊,使我昼立烦儿孙,令我夜坐费灯烛。忆子初尉永嘉去,红颜白面花映肉,军符侯印取岂迟,紫燕骝耳行甚速。圣朝尚飞战斗尘,济世宜引英俊人,黎元愁痛会苏息,夷狄跋扈徒逡巡。授钺筑坛闻意旨,颓纲漏网期弥纶,郭钦上书见大计,刘毅答诏惊群臣。他日更仆语不浅,明公论兵气益振,倾壶箫管黑白发,舞剑霜雪吹青春。宴筵曾语苏季子,后来杰出云孙比,茅斋定王城郭门,药物楚老渔商市。市北肩舆每联袂,郭南抱瓮亦隐几,无数将军西第成,早作丞

第十章　此曲哀怨何时终

相东山起。鸟雀苦肥秋粟菽,蛟龙欲蛰寒沙水,天下鼓角何时休,阵前部曲终日死。附书与裴因示苏,此生已愧须人扶,致君尧舜付公等,早据要路思捐躯。

——《暮秋枉裴道州手札率尔遣兴寄递近呈苏涣侍御》

杜甫集中,这两首是非常突出的。杜甫接触的人有皇帝、太子、宗室、丞相、尚书、大将、防御使、御史、夫人、舞女、伎女,但是苏涣却是大盗。据洪迈《容斋随笔》:

涣少喜剽盗,善用弩,巴蜀商人苦之,称白跖,以比庄蹻。后折节读书,进士及第,湖南崔瓘辟从事。瓘遇害,涣走交广,与哥舒晃谋反,伏诛。

关于杜甫和苏涣的友好,以及称涣为"静者",后世颇多疑议。一般都认为杜甫不能知人,有的甚至认为结交非类,妄加称许。其实苏涣的为人,大约与明末的许都相类,其结局近似,杜甫和苏涣的关系,和陈之龙与许都大致亦相近。

是不是苏涣谋反呢？很可能,李姓王朝到肃宗的时候,开始走了下坡路,从肃宗到代宗,王朝的命运已经不绝如缕,中央王朝能直接控制的地区,一再萎缩,因此"取而代之"的思想,并不奇怪,所奇怪的是李姓王朝居然能维持一个半世纪,直到昭宣帝的时代,才为一个不学无术的强盗所扑灭。强盗,在中国历史上并不是一个特别污下的阶层,因为中国的许多王朝,不外出自三个来源:(一)贵族或宠臣,(二)少数民族的酋长,(三)强盗。在外国可能还有第四个来源——宗教的头人,不过这是中国少有的,有了成不了大事,例如韩林儿。因此苏涣的出身强盗,其实并不足怪:旧时代的统治者也经常和盗贼相互转化,这个例子不需要举了。杜甫对于苏涣的激赏,因为他只看到苏涣慷慨赋诗的一面而没有看到他飞扬跋扈的一面,很可能苏涣也只让杜甫看到他那"静者"的一面,而把那"白跖"的一面收敛起来,不给他看,因此尽管两人相交,互相倾倒,而始终谈不到披豁天真、剖心露胆的地步。杜甫虽然头发顿变,黑丝间白,其实两人之间,尽隔一层,这里正看到苏涣的精辟和杜甫的迂腐,可能苏涣因为虚此一行,不免要慨然长叹了。

大历四年(769)的秋冬,杜甫的孤舟还漂泊在湘江之上,北风来了,带来了纷飞的雨雪,杜甫四顾茫茫,他

第十章 此曲哀怨何时终

没有敢做强盗的勇气,也没有想到投身汨罗的愤怨,只有做诗:

> 北风破南极,朱凤日威垂,洞庭秋欲雪,鸿雁将安归?十年杀气盛,六合人烟稀,吾慕汉初老,时清犹茹芝。
>
> ——《北风》

> 北雪犯长沙,胡云冷万家,随风且间叶,带雨不成花。金错囊垂罄,银壶酒易赊,无人竭浮蚁,有待至昏鸦。
>
> ——《对雪》

"酒易赊",注家解为"言不易也",这是非常深入的。杜甫的穷困完全暴露了。五十八岁的名满全国的诗人已经到了穷途末路了。钱没有了,托足之地没有了,带着妻室儿女一大群在这四顾茫茫的湘江上东西漂泊。当然,我们会说杜甫为什么不去劳动自给呢?种粮食要有田,搞手工业要有资金,在土地私有和资本私有的时候,你凭什么劳动自给?诗人所有的只有诗,吟诗可以度日,可以充饥,可以暂时忘去啼饥号寒的妻室儿女。

是什么样的诗呢？不是楼台曜日的名山高阁，不是充肠果腹的玉液琼浆，而是饥寒交迫的现实。杜甫只是杜甫，不是李白，不是李长吉。你爱也好，不爱也可以，但是杜甫只能是杜甫。基督教徒会告诉你："豹子能够蜕变它的金钱斑吗？"变色龙能，豹不能，因此变色龙永远是胜利者。

我们且读这一位垂暮诗人的诗篇：

客从南溟来，遗我泉客珠，珠中有隐字，欲辨不成书。缄之箧笥久，以俟公家须，开视化为血，哀今征敛无！

——《客从》

天下郡国向万城，无有一城无甲兵，焉得铸甲作农器，一寸荒田牛得耕。牛尽耕，蚕亦成，不劳烈士泪滂沱，男谷女丝行复歌。

——《蚕谷行》

君不见黄鹄高于五尺童，化为白凫似老翁，故畦遗穗已荡尽，天寒岁暮波涛中。鳞介腥膻素不食，终日忍饥西复东，鲁门鹢鹛亦蹭蹬，闻道于今犹避风。

　　　　　　——《白凫行》

　　君不见潇湘之山衡山高，山巅朱凤声嗷嗷，侧身长顾求其群，翅垂口噤心甚劳。下悯百鸟在罗网，黄雀最小犹难逃，愿分竹实及蝼蚁，尽使鸱鸮相怒号。

　　　　　　——《朱凤行》

　　小军阀的混战，饥荒的威慑，人民的痛苦，一一都反映到杜甫的诗里。杜甫有什么办法呢？没有。这正是释家所说的五浊恶世。在这个五浊恶世之中，为朱凤，为鹦鹉，为白凫，为黄鹄，什么办法也没有。到处是屠杀，是灾荒，是荒淫无耻者的人肉筵席，是老百姓的血泪枕簟。杜甫在《追酬故高蜀州人日见寄》诗叙述到自己：

　　……东西南北更堪论，白首扁舟病独存，遥拱北辰缠寇盗，欲倾东海洗乾坤。边塞西蕃最充斥，衣冠南渡多崩奔，鼓瑟至今悲帝子，曳裾何处觅王门！……

写历史的人经常有一定的框框,唐肃宗、代宗以后,虽然大半个国家已经沦陷,遍山遍野都是盗贼的恶斗,但是因为保住长安,认为是中兴;晋元帝和宋高宗虽然仅仅丧失了北方的一半,但是因为失去了京都,无论建业和临安怎样的繁荣,都认为是偏安。历史学者们有他们自己的逻辑。

在戎马仓皇之中,杜甫已经进入大历五年(770),五十九年的岁月即将告终了,但是他还没有清楚地看到,有时还能作一些逍遥的诗篇:

> 江上人家桃树枝,春寒细雨出疏篱,影遭碧水潜勾引,风妒红花却倒吹。吹花困懒傍舟楫,水光风力俱相怯,赤憎轻薄遮人怀,珍重分明不来接。湿久飞迟半欲高,萦沙惹草细于毛,蜜蜂蝴蝶生情性,偷眼蜻蜓避伯劳。
>
> ——《风雨看舟前落花戏为新句》

杜甫还是有一些闲情逸致的,不然怎能算是诗人呢?但是他的心情仍旧不免牵挂到两京的故居。湘江是一条长绦,一端牵他向南方奔避,一端牵他向北都怅望。可怜的诗人,他的心被这条湘江的长绦牵碎了。北

第十章 此曲哀怨何时终

望是当时的领导者,是他的薄产,然而是杀戮,是死亡;南顾是一条生路,是遥远的希望。诗人繁碎的心情,一望而知,你要这位垂死的诗人向哪里去呀?

他的一些亲友又纷纷向南去了,韦迢原来是韶州刺史,现在魏司直也到南方去做判官了,他有一首《送魏二十四司直充岭南掌选崔郎中判官》,他的舅舅崔伟又去代理郴州刺史,他有一首《奉送二十三舅录事之摄郴州》。去的去了,自己又忘不了北方的家乡。是不是可以回去呢?当然可以,但是回去总不免要生活,凭什么生活?还和湖南一样,漂泊在水上?水究竟不能解饥呀!他只有作诗,让诗句来传达自己的情感:

> 万里衡阳雁,今年又北归,双双瞻客上,一一背人飞。云里相呼疾,沙边自宿稀,系书原浪语,愁寂故山薇。

> 欲雪违胡地,先花别楚云,却过清渭影,高起洞庭群。塞北春阴暮,江南日色曛,伤弓流落羽,行断不堪闻。

——《归雁二首》

这一年的清明到了,寒食先来,寒食过了,还有小寒食。杜甫有诗:

> 佳辰强饮食犹寒,隐几萧条戴鹖冠,春水船如天上坐,老年花似雾中看。娟娟戏蝶过闲慢,片片轻鸥下急湍,云白山青万余里,愁看直北是长安。
>
> ——《小寒食舟中作》

> 湖南为客动经春,燕子衔泥两度新,旧入故园尝识主,如今社日远看人。可怜处处巢君室,何异飘飘托此身,暂语船樯还起去,穿花落水益沾巾。
>
> ——《燕子来舟中作》

这一年四月湖南潭州(长沙)发生了兵变。老总们本来是保卫人民的,这个不算了,他们的工作是危害人民。待到人民身上的血液已经榨干了,他们又互相仇杀。最苦的是以老总们的互相仇杀开始,以屠戮人民告终。所幸的他们是步兵,而这飘然垂危的诗人却在水上,因此又逃得了一家性命。最初是兵马使臧玠杀潭州刺史湖南都团练使崔瓘,以后是澧州刺史杨子琳、道州刺史裴虬、衡州刺史杨济出军讨伐,这一切造成了极大的混乱,也为杨子琳取得一定的贿赂、从而退兵造成了理论基础。小军阀的混战,在杜甫诗中留下了一幅血腥的图画。

  白马东北来,空鞍双贯箭,可怜马上郎,意气今谁见。近时主将戮,中夜伤于战,丧乱死多门,呜呼泪如霰。
——《白马》

这首诗在杜甫诗集中并不是名篇,但是入手的两句,却带来了战场的气氛,是十分真切的。马上的少年是死了,但是谁也说不清是为什么死的。

战祸不断地蔓延着。这一位白发满头的诗人原想在湘江漂泊中逃避现实,但是事情是不能和理想合拍的。他有多少次想北上襄汉,但是那条路走不通,剩下的是向南,南方有他的亲友,是避祸的好地方。不仅如此,他总不会忘去句漏采药的葛洪。还有苏耽呢,那是后汉末年郴州的仙人,到现在还留下他的橘井,怎能不引起诗人的向往!

杜甫从潭州开船,这一次是向南,一直开到衡州,有《入衡州》一首。在这首诗里他出力地写了崔瓘。这是一位素行清谨的刺史,在潭州任内,奉公守法,这一下得罪了地方的将士。四月中正在发给兵饷的时候,兵马使臧玠和判官达奚觐争执起来。

"现在是承平时代,没有什么问题的。"达奚觐说。

"有问题就困难了!"臧玠怫然地给他一个答复。就在这晚发生兵变,杀了崔瓘,给人民造成了祸殃。

《入衡州》是一首史诗,杜甫把当时的情况彻底暴露,是新旧《唐书》所没有的。他说:

兵革自久远,兴衰看帝王,汉仪甚照耀,胡马何猖狂。老将一失律,清边生战场,君臣忍瑕垢,河岳空金汤。重镇如割据,轻权绝纪纲,军州体不一,宽猛性所将。嗟彼苦节士,素于圆凿方,寡妻从为郡,兀者安短墙。凋弊惜邦本,哀矜存事常,旌麾非其任,府库实过防。恕己独在此,多忧增内伤,偏裨限酒肉,卒伍单衣裳。元恶迷是似,聚谋泄康庄,竟流帐下血,大降湖南殃。烈火发中夜,高烟焦上苍,至今分粟帛,杀气吹沅湘。福善理颠倒,明征天莽茫,

> 销魂避飞镝,累足穿豺狼。隐忍枳棘刺,迁延胝胼疮。远归儿侍侧,犹乳女在旁,久客幸脱免,暮年惭激昂。萧条向水陆,汩没随渔商,报主身已老,入朝病见妨。悠悠委薄俗,郁郁回刚肠……

杜甫的结论是"我师嵇叔夜,世贤张子房,柴荆寄乐土,鹏路观翱翔"。嵇康和张良在历史上是有名的,但是有区别。嵇康是愤世嫉俗,张良是和光同尘,其结果一人是遭遇不幸,一人是苟全性命。但是杜甫在这样的艰难困苦里,他毅然地说出"我师嵇叔夜,世贤张子房"。尽管别人翱翔云路,自己却安居柴荆。杜甫这一年已经到了最后的几个月,但是他的气魄仍然兀傲。杜甫依然是杜甫,并不因为生命力衰颓而有所屈辱。从这一点看他的毕生,他的"朝叩富儿门,暮随肥马尘",只是自我解嘲,不是中心自谴。这一点我们必须认真理解,不是可以轻易着笔的。

在湖南大乱中,杜甫只是一位舟中旅客,但是他对于这次乱事的立场是一些也不模糊的。在《舟中苦热遣怀奉呈阳中丞通简台省诸公》,他首先说:

愧为湖外客,看此戎马乱,中夜混黎氓,脱身亦奔窜。平生方寸心,反掌帐下难,呜呼杀贤良,不叱白刃散。吾非丈夫特,没齿埋冰炭,耻以风病辞,胡然泊湘岸。入舟虽苦热,垢腻可溉灌,痛彼道边人,形骸改昏旦。

此下他对于阳济、裴虬、杨子琳、李勉诸人提出他的愿望:

　　……中丞连帅职,封内权得按,身当问罪先,县实诸侯半。士卒既辑睦,启行促精悍,似闻上游兵,稍逼长沙馆。邻好彼克修,天机自明断,南图卷云水,北拱戴霄汉。美名光史臣,长策何壮观。

此下他又提出虽然大将连兵,以讨伐臧玠为名,但是部下不是攘臂请战而是缓兵纵贼:

　　……驱驰数公子,咸愿同伐叛,声节哀有余,夫何激衰懦。偏裨表三上,卤莽同一贯,始谋谁其间,回首增愤惋。

第十章　此曲哀怨何时终

最后他把希望寄托给广州的李勉：

　　……宗英李端公，守职甚昭焕，变通迫胁地，谋画焉得算。王室不肯微，凶徒略无惮，此流须卒斩，神器资强干。扣寂豁烦襟，皇天照嗟叹。

杜甫只是舟中漂泊的旅客，但是他的态度是坚定的。对于叛变的臧玠，并不因为自己的漂泊而有所缓和。

但是无论他如何坚定，湖南的大乱已经形成，杜甫也到了末路。烛已见跋，心已成灰，他在《风疾舟中伏枕书怀三十六韵奉呈湖南亲友》这首诗里说到自己的生活：

　　……哀伤同庾信，述作异陈琳，十暑岷山葛，三霜楚户砧。叨陪锦帐坐，久放白头吟，反朴时难遇，忘机陆易沉。应过数粒食，得近四知金，春草封归恨，源花费独寻。转蓬忧悄悄，行药病涔涔，瘗夭追潘岳，持危觅邓林。

剑南十载,湖湘三年,把杜甫折磨得奄奄一息了。他还是抱着一线的希望,但是这希望太渺茫了,渺茫到不成为希望,而是一缕残愁,两行清泪。最后在结束时只能说:

……公孙仍恃险,侯景未生擒,书信中原阔,干戈北斗深。畏人千里井,问俗九州箴,战血流依旧,军声动至今。葛洪尸定解,许靖力难任,家事丹砂诀,无成涕作霖。

杜甫是不是还要作一次长途漂泊呢?他的前途是葛洪尸解的广州,许靖长往的交州。五岭是艰阻的,但是从干戈遍地的秦川,走到干戈遍地的剑南,再走到依然干戈遍地的湖湘,是不是还要走呢?还要走,走向那人迹罕至的交广。杜甫能做什么呢?在这干戈遍地的当中,一个手无寸铁、携儿带女的白发满头的老人,自身又是"右臂偏枯半耳聋",他还能做什么呢?然而他不能不走。从这里到那里,到处是干戈遍地,他走向哪里呢?有人说他过洞庭湖北走,这不是不可能,因为长沙虽然兵戈扰乱,长沙以北也不过是兵戈扰乱,长沙以南也未必不是兵戈扰乱,那还有什么选择么?然而不同。已然和未必不然是有所不同的,何况未必不然之中还存在着一个未必果然呢？因此杜甫的从衡州南行是必然的,而从衡州的北上过洞庭湖是幻想,是讹传。

从衡州南去,经过一百多里路就到耒阳。在耒阳他和聂县令有一些来往。分手以后,杜甫又向南去,直到方田驿。再由方田驿前去,遇到大雨,山洪暴发,路途艰阻,这一次杜甫又遇到困难了。但是问题不大,聂县令在得到这个消息以后,连忙派人送来牛肉白酒。这真是穷途知己,雪中送炭了。杜甫有诗,这是他最后的一首诗,是八世纪后期最大的诗人最后的一篇,《聂耒阳以仆阻水,书致酒肉,疗饥荒江;诗得代怀,兴尽本韵,至县呈聂令。陆路去方田驿四十里,舟行一日,时属江涨,泊于方田》：

耒阳驰尺素,见访荒江渺,义士烈女家,风流吾贤绍。昨见狄相孙,许公人伦表。前朝翰林后,屈迹县邑小,知我碍湍涛,半旬获浩溔,麾下杀元戎,湖边有飞旐,孤舟增郁郁,僻路殊悄悄。侧惊猿猱捷,仰羡鹳鹤矫,礼过宰肥羊,愁当置清醥,人非西喻蜀,兴在北坑赵。方行郴岸静,未话长沙扰,崔师乞已至,澧卒用矜少。问罪消息真,开颜憩亭沼。

从这首诗里,我们看到杜甫对于臧玠的叛变是痛心疾首的。因此在牛肉白酒的醉饱之中,一边盛称礼过肥羊,一边即祈望北诛臧玠。"崔师"是崔瓘的乞师洪州,因为袁州之兵已至,杜甫感到安慰,但是由于杨子琳的受赂退兵,他又叹息澧卒的作用不大。他希望向臧玠问罪,经过牛肉白酒的饱餐,他又感到神情酣畅了。这首诗读的人不多,但是正因为写出杜甫最后的心情,还是值得注意的。

诗人的歌声已经结束,他的生命也结束了。关于杜甫的死,新旧《唐书》的记载是一致的:

> 永泰二年①啖牛肉白酒,一夕而卒于耒阳,时年五十九。②

> 大历中,出瞿唐,下江陵,溯沅湘以登衡山,因客耒阳游岳祠。大水遽至,涉旬不得食,县令具舟迎之,乃得还。令尝馈牛炙白酒,大醉,一夕卒。年五十九。③

---

① 当作大历五年。
② 《旧唐书·杜甫传》。
③ 《新唐书·杜甫传》。

第十章 此曲哀怨何时终

杜甫啖牛肉白酒,一夕而卒,似乎不成问题了。

> 扁舟下荆楚间,竟以寓卒,旅殡岳阳,享年五十有九。①

有人根据元稹的叙述,提出异议。他们指明:"元稹作志在旧史前,初无牛肉白酒之说,夫不信子孙之行述而信史氏之传闻,其亦昧于权衡审择矣。"元稹之作,确在刘昫、欧阳修之前,但是牛肉白酒之致死,和旅殡岳阳,不妨并存。《旧唐书》本传又说甫"子宗武流落湖湘而卒,元和中,宗武子嗣业自耒阳迁甫之柩,归葬于偃师西北首阳山之前"。旅殡岳阳和归葬偃师,也同样可以成立。牛肉白酒,醉饱致死,无损于杜甫的声誉,必欲为此再三致辩,大可不必。因此《读杜小笺》说:"子美三年下峡,由江陵公安之岳,四年之潭,五年之衡,卒于耒阳,殡于岳阳,其他支离附会,尽削不载可也。当逆旅憔悴之日,涉旬不食,一饱无时,牛肉白酒何足以为垢病!"

大历五年(770),大唐帝国的前途,奄奄一息,居然在分崩离析的情况下,还勉强支持了一百四十年,但是

---

① 元稹《唐故检校工部员外郎杜君墓系铭》。

那照耀世界的光辉,已经一去不复返了。盛唐是诗人的时代,杜甫是这个时期诗人中出现较晚,成就多方的一位,在这一年,他与世长辞了。是不是诗人的声音便从此窒息呢?不是的,也不会的。一切伟大的成就都是永远存在的,永远继续的,它会以这样或那样的面貌而出现,但是其伟大的成就必然配合着伟大的人民事业而显示其伟大的永恒。